体育运动

排球 WANGQIU
PAIQIU 网球

主编 曹恒 李欣

走进大自然
走到阳光下
养成体育锻炼
好习惯

吉林出版集团股份有限公司 全国百佳图书出版单位

图书在版编目（CIP）数据

排球 网球 / 曹恒, 李欣主编. —长春：吉林出版集团股份有限公司, 2011.5（2024.1 重印）
 ISBN 978-7-5463-5266-4

Ⅰ.①排… Ⅱ.①曹… ②李… Ⅲ.①排球运动—青年读物②排球运动—少年读物③网球运动—青年读物④网球运动—少年读物 Ⅳ.①G842-49②G845-49

中国版本图书馆 CIP 数据核字（2011）第 081743 号

排球 网球

主编	曹恒　李欣
责任编辑	林丽
出版发行	吉林出版集团股份有限公司
印刷	三河市同力彩印有限公司
版次	2011 年 6 月第 1 版　2024 年 1 月第 8 次印刷
开本	787mm×1092mm 1/16　印张 10　字数 100 千
地址	吉林省长春市福祉大路 5788 号　邮编 130000
电话	0431-81629968
电子邮箱	11915286@qq.com
书号	ISBN 978-7-5463-5266-4
定价	45.80 元

版权所有　翻印必究
如有印装质量问题，请寄本社退换

《体育运动》编委会

主　　任　宛祝平

编　　委　支二林　方志军　王宇峰　王晓磊　冯晓杰
　　　　　　田云平　兴树森　刘云发　刘延军　孙建华
　　　　　　曲跃年　吴海宽　张　强　张少伟　张铁民
　　　　　　李　刚　李伟亮　李志坚　杨雨龙　杨柏林
　　　　　　苏晓明　邹　宁　陈　刚　岳　言　郑风家
　　　　　　宫本庄　赵权忠　赵利明　赵锦锦　潘永兴

目录 CONTENTS

排球

第一章 运动保护
　　第一节　生理卫生..........................2
　　第二节　运动前准备........................3
　　第三节　运动后放松........................8
　　第四节　恢复养护.........................10

第二章 排球概述
　　第一节　起源与发展.......................12
　　第二节　特点与价值.......................13
　　第三节　国际大型赛事.....................16

第三章 排球场地、器材和装备
　　第一节　场地.............................20
　　第二节　器材.............................22
　　第三节　装备.............................24

第四章 排球基本技术
　　第一节　准备姿势和移动...................28
　　第二节　传球.............................35
　　第三节　垫球.............................38
　　第四节　扣球.............................52
　　第五节　发球.............................55

第五章 排球基础战术
第一节 发球 ... 62
第二节 一传 ... 64
第三节 二传 ... 64
第四节 扣球 ... 65
第五节 拦网 ... 66
第六节 集体战术中的进攻阵形 ... 66

第六章 排球比赛规则
第一节 程序 ... 70
第二节 裁判 ... 78

网球

第七章 网球概述
第一节 起源与发展 ... 86
第二节 特点与价值 ... 87

第八章 网球场地、器材和装备
第一节 场地 ... 92
第二节 器材 ... 95
第三节 装备 ... 97

第九章 网球基本技术
  第一节 握拍方法..........102
  第二节 准备姿势..........107
  第三节 发球..........108
  第四节 接发球..........115
  第五节 正手击球..........117
  第六节 反手击球..........118
  第七节 高压球..........120
  第八节 挑高球..........121
  第九节 截击球..........122
  第十节 放短球..........125
  第十一节 反弹球..........126
  第十二节 步法..........126
  第十三节 击球要素..........130

第十章 网球基础战术
  第一节 单打战术..........138
  第二节 双打战术..........141
  第三节 战术运用..........142

目录 CONTENTS

第十一章 网球比赛规则
第一节 程序..............................146
第二节 裁判..............................147

排球

第一章 运动保护

"生命在于运动",但是盲目、不科学的运动非但不能起到强身健体的作用,反而会给身体带来一定的伤害。只有掌握体育锻炼的一般性生理卫生知识,科学地进行体育锻炼,才能起到健身强体的作用。

第一节 生理卫生

青少年在进行体育运动时，除了应进行一般性的身体检查和必要的咨询外，还要注意培养运动兴趣和把握适当的运动强度。

一、培养运动兴趣

在进行体育运动前，必须培养自己对体育运动的兴趣。培养兴趣的方法有很多，如观看体育比赛，与同学、朋友进行体育比赛等。有了浓厚的兴趣，就能自觉地投入体育运动之中，从而达到理想的体育锻炼效果。

二、把握运动强度

因为青少年进行体育运动，主要是在享受体育运动的过程中增强体质，提高健康水平，而不仅是为了创造运动成绩，所以运动强度不宜过大。控制运动强度最简单的办法是测定运动时的脉搏。对青少年来说，运动时的脉搏控制在每分钟140次左右较为合适。

第二节 运动前准备

运动前进行充分的准备活动，对于青少年来说是非常重要的。一些青少年体育运动爱好者，常常不重视运动前的准备活动，导致各种运动损伤，影响运动效果，也容易失去对体育运动的兴趣，从而产生对体育运动的畏惧心理。因此，青少年在进行体育运动前，必须做好充分的准备活动。

一、准备活动的作用

运动前做好充分的准备活动能够对肌肉、内脏器官有很大的保护作用，同时还可以提前调节运动时的心理状态。

（一）提高肌肉温度，预防运动损伤

运动前进行一定强度的准备活动，不仅可以使肌肉内的代谢过程加强，温度增高，黏滞性下降，提高肌肉的收缩和舒张速度，增强肌力，同时还可以增加肌肉、韧带的弹性和伸展性，减少由于肌肉剧烈收缩而造成的运动损伤。

（二）提高内脏器官的功能水平

内脏器官的功能特点之一就是生理惰性较大，即当活动开始、肌肉发挥最大功能水平时，内脏器官并不能立刻进入

最佳活动状态。

（三）调节心理状态

青少年进行体育锻炼不仅是身体活动，同时也是心理活动。研究证明，心理活动在体育锻炼中起着非常重要的作用。体育锻炼前的准备活动，可以起到心理调节的作用，即接通各运动中枢间的神经联系，使大脑皮层处于最佳兴奋状态。

二、如何进行准备活动

一般来说，准备活动主要应考虑内容、时间和运动量等问题。

（一）内容

准备活动可分为一般准备活动和专项准备活动。一般准备活动主要是一些全身性的身体练习，如跑步、踢腿、弯腰等。一般准备活动的作用在于提高整体的代谢水平和大脑皮层的兴奋状态，减少运动损伤的发生。专项准备活动是指与所从事的体育锻炼内容相适应的动作练习。

下面介绍一套一般准备活动操，供青少年运动前使用。这套活动操主要包括头部运动、肩部运动、扩胸运动、体侧运动、体转运动、髋部运动和踢腿运动等。

1. 头部运动

头部运动的动作方法（见图1-2-1）是：

两手叉腰，两脚左右开立，做头部向前、向后、向左、向右，以及绕环运动。

2. 肩部运动

肩部运动的动作方法（见图1-2-2）是：

手扶肩部，屈臂向前、向后绕环，以及直臂绕环。

3. 扩胸运动

扩胸运动的动作方法（见图1-2-3）是：

屈臂向后振动及直臂向后振动。

4. 体侧运动

体侧运动的动作方法（见图1-2-4）是：

两脚左右开立，一手叉腰，另一臂上举，并随上体侧屈而摆动。

5. 体转运动

体转运动的动作方法（见图1-2-5）是：

两脚左右开立，两臂体前屈，身体向左、向右有节奏地扭转。

6. 髋部运动

髋部运动的动作方法（见图1-2-6）是：

两脚左右开立，两手叉腰，髋关节放松，向左、向右各做360°旋转。

7. 踢腿运动

踢腿运动的动作方法（见图1-2-7）是：

两臂上举后振，同时一腿向后半步，然后两臂下摆后振，同时向前上方踢腿。

图 1-2-1

图 1-2-2

图 1-2-3

YUNDONG BAOHU 运动保护

图 1-2-4

图 1-2-5

图 1-2-6

007

图 1-2-7

(二)时间和运动量

准备活动的时间和运动量随体育锻炼的内容和量而定，由于以健身为目的的体育运动量较小，因此准备活动的量也相对较小，时间也不宜过长，否则，还未进行体育锻炼身体就疲劳了。半小时的体育锻炼，准备活动时间一般以 10 分钟左右为宜。

第三节 运动后放松

进行剧烈的体育运动后，有些青少年习惯坐在地上，或是直接躺下来休息，认为这样可以快速消除疲劳。其实不然，这样做的结果不仅不能尽快地恢复身体功能，反而会对身体产生不良影响，正确的做法应该是运动后做一些整理活动，放松身体。

一、运动后整理活动的必要性

运动后的整理活动不但可以避免头晕等症状，还可以有效地消除疲劳。

（一）避免头晕

人体在停止运动后，如果停下来不动，或是坐下来休息，静脉血管失去了骨骼肌的节律性收缩，血液会由于受重力作用滞留在下肢静脉血管中，导致回心血量减少，心血输出量下降，造成暂时性脑缺血，出现头晕、眼前发黑等一系列症状，严重者甚至会出现休克。为了避免这些症状的发生，整理活动是非常必要的。

（二）消除疲劳

除了避免头晕等症状的发生，运动后的整理活动还可以改善血液循环状态，达到快速消除疲劳的目的。

二、放松方法

在运动后放松时，应注意以下几个问题：
（1）做一些放松跑、放松走等形式的下肢运动，促进下肢静脉血的回流，防止体育锻炼后心血输出量的过度下降；
（2）在下肢活动后进行上肢整理活动，右臂活动后做左臂的整

理活动，通过这种积极性休息，使身体功能得到尽快恢复；

（3）整理活动的量不要过大，否则整理活动又会引起新的疲劳；

（4）在进行整理活动时，应当保持心情舒畅、精神愉快的感觉。

第四节 恢复养护

人体在运动后，除采用休息和积极性体育手段加速身体功能的恢复外，还可以根据体育运动的特点，补充不同的营养物质，以尽快消除疲劳。

体育运动结束后，人体内会产生一种叫作乳酸的酸性物质，它的积累会造成肌体的疲劳，使恢复时间延长。所以，我们在体育运动后，应多补充一些碱性食物，如蔬菜、水果等，而动物性蛋白等肉类食品偏"酸"，在运动后的当天可适当减少摄入。

第二章 排球概述

　　排球运动是世界上开展最广泛、影响最大的体育运动项目之一，深受世界各国人民的喜爱，吸引着无数青少年积极参与，是家庭体育锻炼重要的组成部分。本章主要介绍排球的起源与发展、特点与价值以及国际大型赛事等。

第一节 起源与发展

排球运动发展到今天已有 100 多年的历史，在此期间，这项运动有了突飞猛进的发展。

一、起源

1895 年，美国马萨诸塞州的威廉·基·摩根先生创造了排球游戏。这种游戏是将网球网挂在高处，用球胆从网上弹来弹去，不使球落地。排球运动由此诞生。1896 年，哈尔戴 H.T. 特博士将此项游戏定名为 "Volleyball"，即 "空中截击" 之意，并一直沿用至今。

二、发展

第一次世界大战期间，排球运动被美国军队带到了欧洲，1914 年传入英国，1917 年传入法国，1918 年传入意大利和南斯拉夫，1920 年传入前苏联、波兰等国，并迅速普及和推广。

1923 年，排球运动传播到非洲的埃及、突尼斯和摩洛哥。

排球运动在亚洲各国发展很快，1900 年传入印度，1905 年传入中国，1908 年传入日本，1910 年传入菲律宾。

亚洲排球运动的发展自成体系，先后经历了 16 人制、12 人制和 9 人制的发展过程，1951 年初才开展 6 人制排球。

随着排球技术水平的提高，一些国家相继成立了排球协会。

人们也渴望在国家与国家之间成立一个统一、有组织、开展国际竞赛与交流的组织和机构。于是在1946年，法国、捷克斯洛伐克和波兰3个国家倡议成立国际排球联合会。1947年，国际排联在巴黎成立。

为了进一步推动排球运动的发展，1988年国际排联制订了《世界排球发展计划》。该项计划包括在世界各个地区建立20多个排球发展中心，发展娱乐性和健身性排球，向发展中国家赠送排球器材及向各国提供技术教材和录像资料等。

1995年，国际排联推出了《世界排球2001计划》，即在世界各国树立排球的顶尖运动形象，使排球成为观众最喜爱的运动之一，让排球引起电视网和各节目赞助商的兴趣，使排球管理机构成为现代高度职业化的机构，使拥有高水平球队的国家数量不断增加等。

排球运动在新中国的发展也较为迅速，20世纪70年代后期，中国男排首创的"前飞""背飞"等空间差系列打法，以及中国女排发明的"单脚背飞"技术，当时在国际都属于一流水平。

1981—1986年，中国女子排球队在世界杯、世界锦标赛和奥运会上蝉联世界冠军，成为历史上第一支在世界女子排球比赛中连续5次夺魁的队伍。

第二节 特点与价值

排球运动易于开展，强度适中，娱乐性比较强，对提高身体素质和发展心智都有着积极的作用，而且还有助于各国之间、人

与人之间进行文化交流。

一、特点

排球运动诞生以来，经过人们不断的探索，出现了许多新的技战术。通过对排球运动的研究，我们通常将其特点概括为以下几点：

1. 广泛的群众性

排球场地设备简单，比赛规则容易掌握，既可在球场上比赛和训练，也可以在一般空地上活动。运动量可大可小，适合于不同年龄、不同性别、不同体质、不同训练程度的人。

2. 技术的全面性

排球比赛时，每名队员都要进行位置轮转，既要到前排扣球与拦网，又要轮到后排防守与接应。这就要求每名队员全面地掌握各项技术，可以在各个位置上发挥所长。

3. 高度的技巧性

排球比赛中球不可以落地，不得持球、连击。击球时间的短暂和击球空间的多变，决定了排球的高度技巧性。

4.激烈的对抗性

排球比赛中，双方的攻防转换始终是在激烈的对抗中进行。高水平比赛中，对抗的焦点在扣拦上。在一场比赛中，夺取1分往往需要经过六七个回合的交锋。水平越高的比赛，对抗争夺也会越激烈。

5.攻防技术的两重性

排球比赛是多种技术都可能得分，也可能失分的项目，这种情况在决胜局比赛中更加突出，所以说每项技术都具有攻防的两重性，因此，要求技术既要有攻击性，又要有准确性。

6.严密的集体性

排球比赛是集体比赛项目，除发球外，都是在集体配合中进行的。没有严密的集体配合，再好的个人技术也难以发挥，更无法体现战术的作用。水平越高的球队，集体配合就越严密。

二、价值

根据排球运动的特点，参加排球运动不仅能提高人们的力量、速度、灵活、耐力、弹跳、反应等身体素质和运动能力，并改善身体各器官、系统的功能状况，而且还能培养机智、果断、沉着、冷静的心理素质。

同时，排球运动也会促进精神文明建设。排球比赛和训练可以培养团结战斗的集体主义精神，锻炼胜不骄败不馁、勇敢顽强、克服困难和坚持到底的精神品质。

总之，排球运动是一项具有广泛群众基础的体育项目，它对提高参与者的综合素质，活跃社会文化生活，促进世界各国的文化交流，都有一定的意义。

第三节 国际大型赛事

排球运动经过百年的发展，在技战术方面有了巨大的进步。各国之间为了加强交流，增进合作与交往，组织了很多重要的国际赛事。

一、世界排球三大赛事

（一）世界锦标赛

第 1 届世界男排锦标赛于 1949 年在布拉格举行。第 1 届世界女排锦标赛于 1952 年在莫斯科举行。

（二）奥运会排球赛

1964 年第 18 届东京奥运会上，排球运动第一次被列为奥运会比赛项目。

(三)世界杯赛

世界杯赛的前身是"三大洲"(亚、欧、美)排球赛。1964年国际排联决定,将"三大洲"排球赛更名为"世界杯"排球赛,并决定于1965年9月在波兰举行首届世界杯男子排球赛,规定以后每4年举行一次。1973年在乌拉圭举行了第1届女子世界杯排球赛。

二、其他重要赛事

对排球运动发展影响较大的比赛还有世界男排联赛、世界女排大奖赛、世界青年排球锦标赛、国际排联四强对抗赛、国际排联世界冠军杯赛及世界沙滩排球赛等。

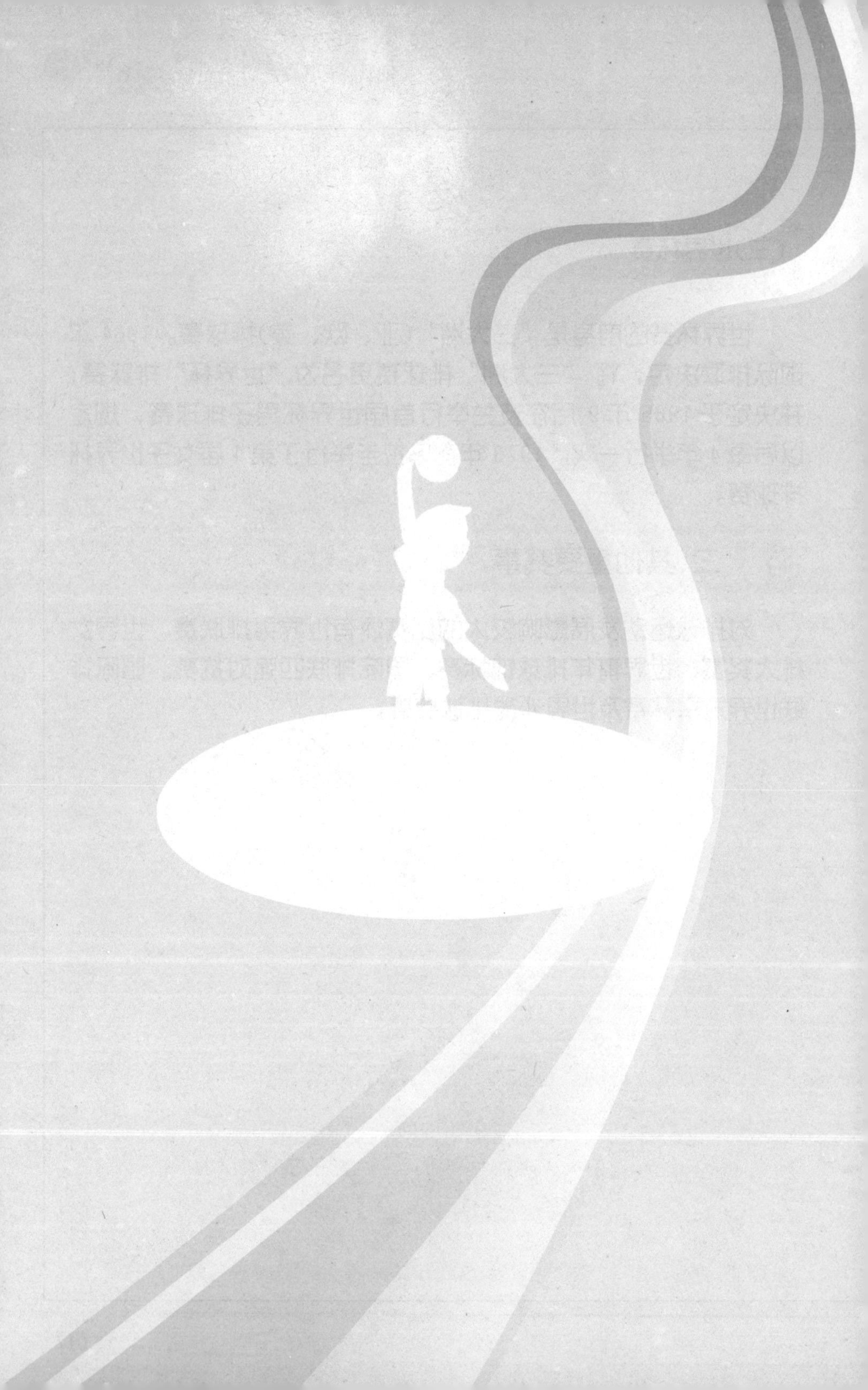

第三章 排球场地、器材和装备

本章重点阐述排球运动所需的场地、器材和必要装备。对于参与排球运动的青少年来说，了解和掌握本章内容，是十分必要的。

第一节 场地

排球场地是开展排球活动的必备条件，也是初学者应该了解的内容。本节主要介绍排球场地的规格、设施及要求。

一、规格

（1）排球比赛场地呈长方形，长 18 米，宽 9 米；

（2）场地界线的长边称边线，短边称端线，在网下连接两条边线中点的线称中线，中线的中心线将场地分为长 9 米、宽 9 米的两个相等场区；

（3）离中心线 3 米处各有一条长 12.5 米的进攻线，进攻线前为前场区，进攻线后为后场区；

（4）进攻线的延长线各为 1.75 米长的虚线，两端线后有两条 15 厘米长的短线，作为两条边线的延长线，位于距端线外 20 厘米处，构成了 9 米宽的发球区；

（5）场地所有的界线宽 5 厘米，颜色应是与地面和其他画线不同的浅色（见图 3-1-1）。

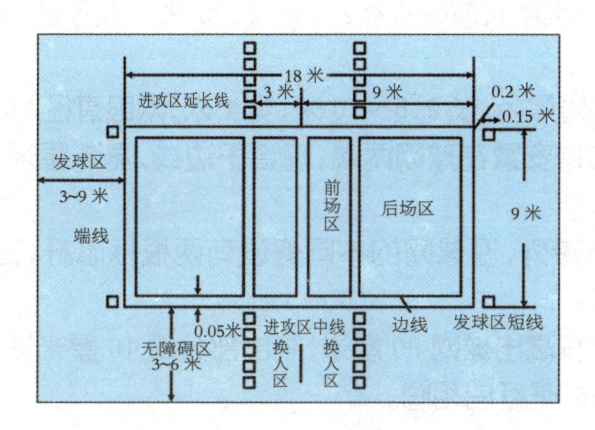

图 3-1-1

二、设施

(一)网柱

(1)网柱是两根高 2.55 米、可以调节高度的光滑圆柱;
(2)圆柱一般有拉链式或插穴式两种,正式比赛要求采用插穴式网柱;
(3)两根网柱应固定在距边线 0.5~1 米的中线的延长线上。

(二)球网

(1)正式比赛中,成年组男子的网高为 2.43 米,女子的网高为

2.24 米；

（2）少年组男子的网高为 2.24～2.35 米，女子的网高为 2～2.15 米；

（3）球网为黑色，长 9.5～10 米，宽 1 米，网眼直径 10 厘米；

（4）标志带安置在球网两端，垂直于边线，宽 5 厘米，长 1 米，颜色为白色；

（5）标志带外，沿球网的不同侧设有两根标志杆，直径 10 毫米，长 1.8 米；

（6）标志杆高出球网 80 厘米，高出部分每 10 厘米涂有对比明显的颜色，最好是红白相间。

三、要求

（1）场地四周至少要有 3 米宽的长方形对称无障碍区；
（2）从地面量起至少有 7 米的无障碍空间；
（3）场地的地面必须平坦；
（4）室外场地每米要有 5 毫米的坡度，以便排水；
（5）不能用坚硬的物体作为场地界限。

第二节 器材

排球运动所需的器材主要是排球，本节介绍排球的规格和材质。

一、规格

（1）排球呈标准的圆球体，颜色可以是单色，也可以是多色；
（2）球的圆周为 65~67 厘米；
（3）球的气压为 0.3~0.325 千克／厘米^2；
（4）球的重量为 260~280 克（见图 3-2-1）。

图 3-2-1

二、材质

排球的外壳由柔软的皮革或人造革制成，内装橡皮或类似材料制成的球胆。

第三节 装备

齐全、适合的装备是安全运动的前提。排球运动的装备包括服装、球鞋和护具等。

一、服装

(一)款式和材质

排球运动的服装主要以短袖、短衫和短裤为主。
(1)相对于篮球服装,排球服装更"贴身"一些;
(2)以采用吸汗效果较好的纯棉质材料为宜。

(二)要求

正式比赛中,不得使用或佩戴可能危及自己或其他队员安全的装备和物件。

二、球鞋

选择一双好的球鞋是做好自我保护的重要前提。一般来说,青少年运动员选择摩擦力强、舒适的运动鞋即可。

三、护具

排球运动对身体的各个关节要求较高,运动前选择好适合自己的护具,对于初学者是非常必要的。常用的护具有护指、护膝和护肘。

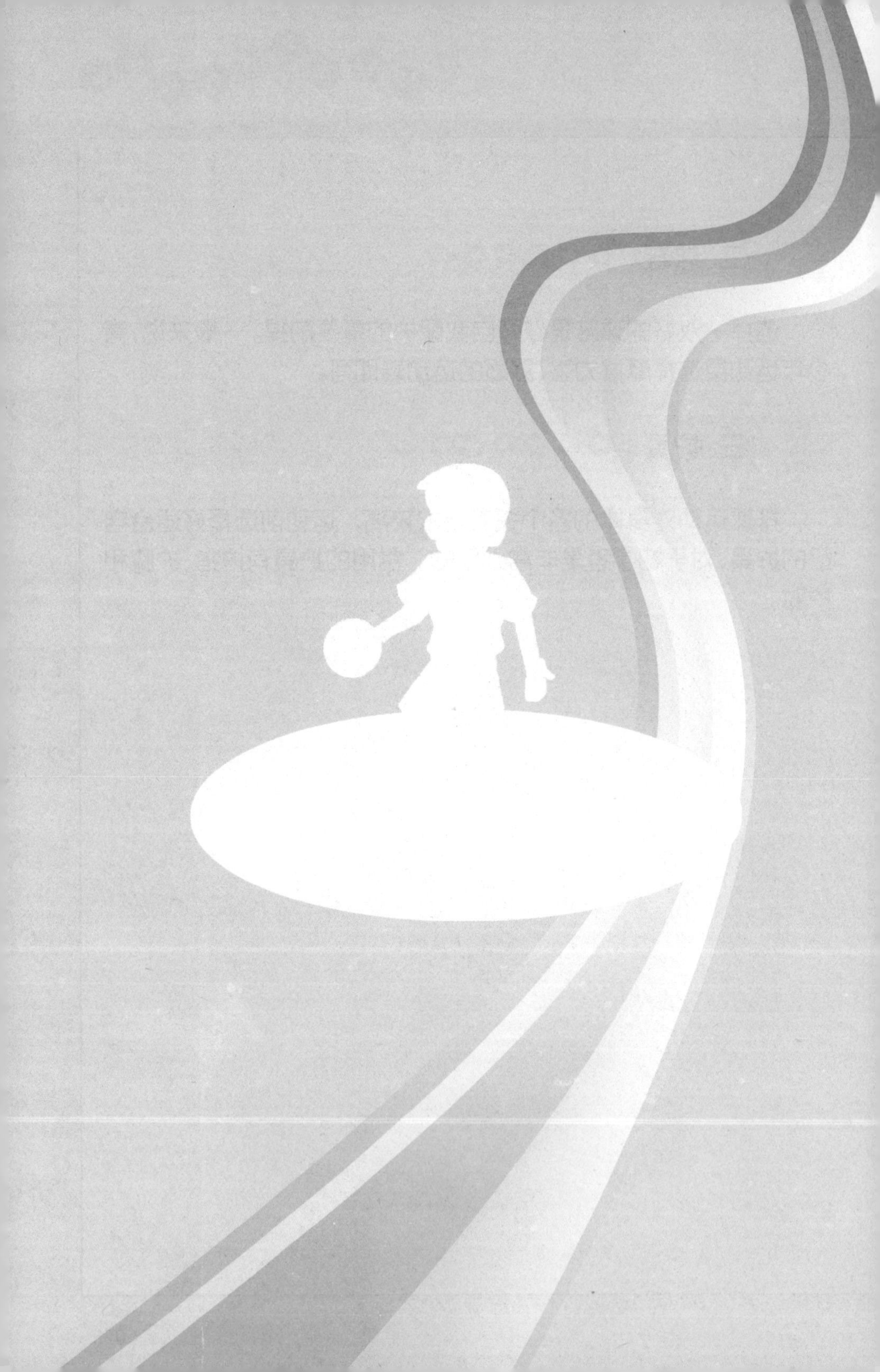

第四章 排球基本技术

　　排球基本技术是初学者必须要掌握的基础知识，它是打好排球的前提，也是评价一名运动员水平高低的标准之一。无论是排球爱好者还是专业运动员，都应该扎实地练好基本技术。只有基本技术过硬，才能更有效地组织各项战术配合。基本技术包括准备姿势和移动、传球、垫球、扣球和发球等。

第一节 准备姿势和移动

准备姿势和移动是排球基本技术的内容之一,又称为无球技术。对于初学者来说,正确的准备姿势和移动是打下坚实基本功的前提。同时,它们在比赛中的运用也最多,对技术效果的影响也最大。

一、准备姿势

准备姿势分为略蹲准备、半蹲准备和低蹲准备等。

(一)略蹲准备

略蹲准备常在对方正在组织进攻,或者球在本方但离自己较远,不需要立即移动击球,以及在进行扣球、二传前和接速度较慢、弧度较高的来球时使用,动作方法(见图4-1-1)是:

(1)两脚分开站立,膝关节略屈,重心略靠前;

(2)上体前倾,手臂放松,两眼注视来球,两脚保持微动状态。

图 4-1-1

(二)半蹲准备

半蹲准备是比赛中最基本的准备姿势,在接发球时运用最多,主要为短距离移动和防守较低球做准备,动作方法(见图 4-1-2)是:

(1)重心低于略蹲准备的姿势,注意力高度集中,肌肉适当放松;

(2)手臂前伸,置于腰腹之间的位置。

图 4-1-2

(三)低蹲准备

主要在后场防守和前场保护,接低远球,以及倒地时使用,动作方法(见图 4-1-3)是:
(1)重心要更低,膝关节深屈;
(2)手臂置于胸腹前方。

图 4-1-3

二、移动

移动技术一般分为并步与滑步、跨步与跨跳步、交叉步和跑步等。

(一)并步与滑步

并步与滑步常在短距离移动时运用,特点是转身变换方向快,

容易保持身体平衡,便于制动和完成击球前的准备动作,各个方向均可采用,动作方法(见图4-1-4)是:

(1)(以向左并步为例)右脚蹬地,左脚向左跨出一步,右脚迅速跟上,做好击球前准备;

(2)若向体侧连续快速做两次以上的并步,则为滑步。

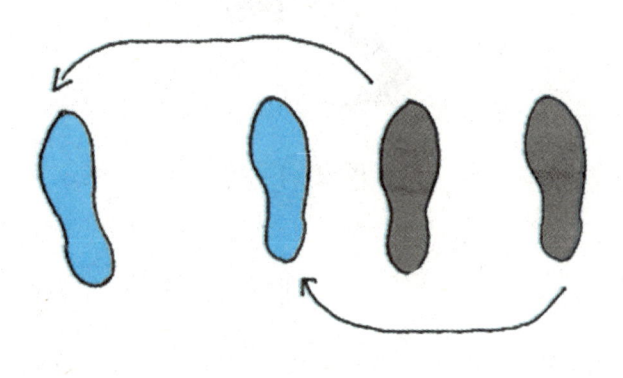

图 4-1-4

(二)跨步与跨跳步

跨步常在接近球时使用,直接降低重心,及时制动,从而控制好来球,而跨跳步则用于向前或向斜前方移动,动作方法(见图

4-1-5)是：

(1)跨步时一腿用力蹬地，另一腿向来球方向跨出一大步，膝部弯曲，上体前倾，身体重心移至跨出腿上；

(2)跨跳步比跨步多一个身体腾空的动作。

图 4-1-5

(三)交叉步

交叉步常在来球在体侧 2~3 米处时使用，动作方法(见图 4-1-6)是：

（以向右移动为例）启动时身体和右脚尖的转向应保持一致，便于左脚交叉和右腿蹬地发力。

图 4-1-6

（四）跑步

跑步常在球距离身体较远时使用，特点是速度快，可随时改变方向，便于击高球，动作方法（见图 4-1-7）是：

（1）跑步启动后第一、二步要适当小些，然后再逐渐加大步幅，加快频率；

（2）两臂要配合摆动，如球在侧方或后方时，应边转身观察边跑。

图 4-1-7

第二节 传球

传球是排球运动基本技术之一，准确的传球是决定比赛结果的关键环节，也是培养初学者对排球兴趣的重要途径。传球时以双手呈半球状击球，触球面积大，容易控制球的方向。又因传球击球点在额前上方，便于观察来球情况和传球目标，所以传球的准确性高于其他击球技术。对于初学者来说，应重点掌握正面传球、背传和侧传等。

一、正面传球

正面传球常在正前方来球,特别是球速较慢、轨迹偏高时运用,动作方法(见图4-2-1)是:

(1)面对正面来球,脚蹬地协调用力,击球点在额前上方;

(2)触球手形呈半球形,接触球一瞬间,靠指、腕的缓冲力反弹球。

图4-2-1

二、背传

背传常在身体背对传球目标时使用,动作方法(见图4-2-2)是:

(1)背部要对准传球目标,上体略直;
(2)手指、手腕放松,手臂向后上方伸送。

图 4-2-2

三、侧传

侧传常在来球位于身体侧面时使用,在身体不动的情况下,靠双臂向侧方传球,动作方法(见图 4-2-3)是:
(1)准备姿势与正面传球相同;

（2）击球点应偏向传出方向一侧，异侧手臂动作幅度略大，伸展速度快，身体伴随传球向一侧倾斜。

图 4-2-3

第三节 垫球

垫球主要用于接发球、接扣球、接拦回球，以及防守和处理各种困难球。对于初学者来说，应首先掌握双手垫球的几种手形，如叠指式、抱拳式和互靠式等，还应掌握如正面双手垫球、体侧双手垫球、背向双手垫球、跨步垫球、低姿垫球和单手垫球等方法。

一、双手垫球手形

双手垫球手形包括叠指式、抱拳式和互靠式等。

(一)叠指式

叠指式的动作方法(见图 4-3-1)是：
(1)两掌根相靠,手指重叠；
(2)两拇指平行前伸,手腕自然下压。

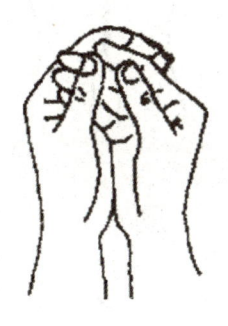

图 4-3-1

(二)抱拳式

抱拳式的动作方法(见图4-3-2)是:
(1)两拇指平行向前,两手抱拳互握;
(2)前臂外旋紧靠,手腕下压,形成一个垫击平面。

图 4-3-2

(三)互靠式

互靠式的动作方法(见图4-3-3)是:
(1)两手腕紧靠,两臂自然放松;

（2）前臂外旋紧靠，手腕下压。

图 4-3-3

二、正面双手垫球

（一）垫轻球

垫轻球的动作方法（见图 4-3-4）是：

(1)垫球适当用力,靠手臂上抬的力量来垫击球;
　　(2)两臂夹紧前伸,插入球下,向前上方蹬地抬臂,全身动作协调;
　　(3)击球后身体随重心变化,并有随前动作。

图 4-3-4

(二)垫中等力量球

　　垫中等力量球常在来球速度较快、力量略大时使用。由于来球有一定力量,两臂迎击球动作的速度不宜太快,动作方法(见图4-3-5)是:

（1）来球有一定力量，主要靠来球本身反弹力将球垫起；
（2）脚蹬地时迅速跟腰，提肩，两臂夹紧，手腕下压，击球后下部。

图 4-3-5

（三）垫重球

垫重球常在迎击来球速度快、力量大时使用，动作方法（见图4-3-6）是：
（1）身体重心降低，两臂放松；
（2）触球瞬间，含胸收腹，手臂随来球有意识后撤，缓解来球力量；

（3）垫出球的方向和角度用右手臂和手腕动作来控制。

图 4-3-6

三、体侧双手垫球

体侧双手垫球（以左侧垫球为例）常在击球点位于体侧，来不及移动对正来球方向时使用，动作方法（见图4-3-7）是：
（1）向左跨步，向侧前方伸臂，向右转体提肩击球；
（2）两臂垫击球后下部，左臂高于右臂。

图 4-3-7

四、背向双手垫球

　　背向双手垫球常在背对垫球目标情况下使用,在接应同伴和将球处理过网时运用较多,动作方法(见图4-3-8)是:
　　(1)两臂夹紧伸直,用蹬腿抬头、挺胸展腹及上体后仰的动作,带动两臂向后上方摆动抬送球;
　　(2)触球前下方,将球向后上方击出。

图 4-3-8

五、跨步垫球

跨步垫球常在来球落点在身体前方或斜前方低而远时使用，分为向前跨步垫球和向侧跨步垫球等。

(一)向前跨步垫球

向前跨步垫球常在来球在前方或斜前方时使用，动作方法(见

图4-3-9)是：

(1)判断来球后，迅速向来球方向跨出一大步，上体前倾，身体重心降低，落在跨出脚上；

(2)双臂前伸插入球下，用提肩抬臂动作击球后下部。

图 4-3-9

(二)向侧跨步垫球

向侧跨步垫球常在来球位于体侧时使用，动作方法（见图4-3-10)是：

(1)向斜前方跨步,跨步脚应为跨出方向的同侧脚;
(2)双臂前伸插入球下,用提肩抬臂动作击球后下部。

图 4-3-10

六、低姿垫球

低姿垫球常在来球落点在体旁较低位置时使用,分为低蹲垫球、半跪垫球和全跪垫球等。

(一)低蹲垫球

低蹲垫球常在来球低、落点靠近体旁时使用,动作方法(见图

4—3—11)是：

(1)迅速移动到来球位置,身体重心下降;

(2)两臂贴近地面插入球下,跨出腿,膝部充分弯曲并略外展;

(3)蹬地腿自然弯曲,脚内侧着地。

图 4—3—11

(二)半跪垫球

半跪垫球常在来球低、速度快、落点在体前方或斜前方 1 米左

右的情况下使用,动作方法(见图4-3-12)是:

(1)垫球时向来球方向迈出一小步,跨出腿深蹲,膝外展;

(2)后腿以膝部内侧和脚弓内侧着地,取得支撑点。

图 4-3-12

(三)全跪垫球

全跪垫球常在队员身体重心向前下方快速移动,来不及制动和向前跨步时使用,动作方法(见图4-3-13)是:

(1)面对来球,队员快速起动,随身体重心前移之势,用两膝内侧跪地，以膝、小腿和脚弓内侧部位支撑地面，跪地后可顺势向前滑动；

（2）击球时上体前倾，两臂迅速插入球下。

图 4-3-13

七、单手垫球

单手垫球（以右侧击球为例）常在来球较远，来不及或不便使用双手垫球时使用，动作方法（见图 4-3-14）是：

（1）迅速运用移动步法接近球，向右跨出一大步，上体右倾，右臂伸直，自右后方向前摆动；

（2）用虎口、掌根和前臂击球后下部。

图 4-3-14

第四节 扣球

扣球是队员跳起,在空中用一手臂做鞭甩式挥动,将本方场区上空高于球网上沿的球击入对方场区的一种击球方法。对于初学者来说,应该重点掌握正面扣球、小抡臂扣球和勾手扣球等。

一、正面扣球

正面扣球是最基本的扣球方法,动作可分解为起动姿势、助跑、起跳、空中击球和落地等,动作方法(见图4-4-1)是:

(1)起动姿势:由略蹲准备姿势开始,两臂自然下垂,注意控制与球的距离(3米左右为宜),身体对准来球方向,时刻注视来球;

(2)助跑:助跑开始时,左脚先迈出一步,右脚再快速跨出一大

步,左脚及时跟上,踏在右脚之前,准备起跳;

（3）起跳:在助跑跨出最后一步的同时,左脚迅速跟上,踏地制动过程中,两臂由后向前摆动,随双腿蹬地向上起跳,两臂向上积极摆动,动作应具爆发力;

（4）空中击球:起跳后挺胸展腹,上体随右臂向后上方抬起,身体呈反弓形,挥臂时靠转体、收腹动作发力,手掌包满球体,保持紧张;

（5）落地:球落地时,缓冲下落力量,为下一动作做好准备。

图 4—4—1

二、小抡臂扣球

小抡臂扣球是以肘关节围绕肩关节做回旋加速、挥臂击球的

一种技术动作,特点是手臂的挥动始终是沿着圆弧形运动,整个抡臂动作无停顿连续进行,动作方法(见图4-4-2)是:

(1)助跑起跳与正面扣球相同;

(2)起跳后,屈肘摆臂至胸腹间不再向上,而以肩关节为轴心,由后下方向前上方做回旋挥臂动作。

图 4-4-2

三、勾手扣球

勾手扣球是队员起跳后侧对网,手臂由体侧下方通过转体动作发力,经头前上方做抡摆式挥动击球动作,动作方法(见图4-4-3)是:

（1）扣球时两脚应侧对球网，使左肩对网完成起跳动作，或跳起后在空中使左肩转向球网；

（2）起跳后上体略后仰或略向右转，右肩下沉，右臂迅速引至体侧，掌心向上，手呈勺形，同时挺胸展腹。

图 4-4-3

第五节 发球

发球在排球比赛中占有很重要的地位，准确而又有攻击性的发球，是决定比赛胜负的关键因素之一。对于初学者来说，应重点掌握正面上手发球、正面下手发球、侧面下手发球、勾手大力发上

旋球等基本发球方法。

一、正面上手发球

正面上手发球是发球队员面对球网站立，利用转体收腹动作带动手臂加速挥动，在头右前上方最高点，用全手掌击球过网的一种发球方法，动作可分解为准备姿势、抛球与引臂和挥臂击球，动作方法（见图4-5-1）是：

（1）准备姿势：面对球网，两脚自然分开站立，左脚略向前，左手持球于体前；

（2）抛球与引臂：抛球位于右肩前上方，右臂屈肘后引，上体向右转动，身体由下而上协调用力；

（3）挥臂击球：击球时蹬地，使上体向左转动，带动手臂向前上方快速挥动。

图 4-5-1

二、正面下手发球

正面下手发球是队员面对球网,手臂由后下方向前摆动,在体前腹部高度击球过网的发球方法,动作可分解为准备姿势、抛球和击球,动作方法(见图4-5-2)是:

(1)准备姿势:面对球网,两脚前后分开站立,左脚在前,两膝弯曲,上体前倾,左手持球于腹前;

(2)抛球:左手将球轻轻抛起在右肩前下方,离手约一球高度,同时右臂伸直后摆;

(3)击球:击球时右脚蹬地,手臂以肩为轴,由后经下方向前摆动,身体重心随之前移,击球点在腹前。

图4-5-2

三、侧面下手发球

侧面下手发球是指发球队员侧对网站立,以转体带动手臂,由

体侧后下方向前挥动,在体前腹部高度击球过网发球,动作可分解为准备姿势、抛球和摆臂击球,动作方法(见图4-5-3)是:

(1)准备姿势:左肩对网,两脚左右分开站立,与肩同宽,两膝略屈,重心落在两脚之间,上体略前倾,左手持球于腹前;

(2)抛球:左手将球垂直上抛在身体正前方,离胸前约一臂,离手高度约一个半球,抛球同时击球手摆至右侧后下方;

(3)摆臂击球:利用右脚蹬地向左转体的力量,带动右臂向前上方摆动,在体前腹部高度用全掌、虎口或掌根击球后下方。

图 4-5-3

四、勾手大力发上旋球

勾手大力发上旋球是指发球队员侧对网站立,利用蹬地转体,手臂由体侧下方经头前上方,做轮摆式发球,动作可分解为准备姿势、抛球与摆臂和挥臂击球，动作方法（见图 4-5-4）是：

（1）准备姿势：身体侧对球网，两脚自然分开站立，两膝弯曲，上体前倾，持球部位在胸前；

（2）抛球与摆臂：抛球点位于左肩上方，离手约为 1 米，抛球同时上体顺势向右倾斜，身体重心移向右脚，右臂向身体右侧后下方摆动，双目注视球；

（3）挥臂击球：击球时利用右脚蹬地和转体的动作发力，带动右臂做直臂弧形向上挥摆，同时身体重心移至左脚，击球时手腕和手掌要用力推压球，使球产生上旋力。

图 4-5-4

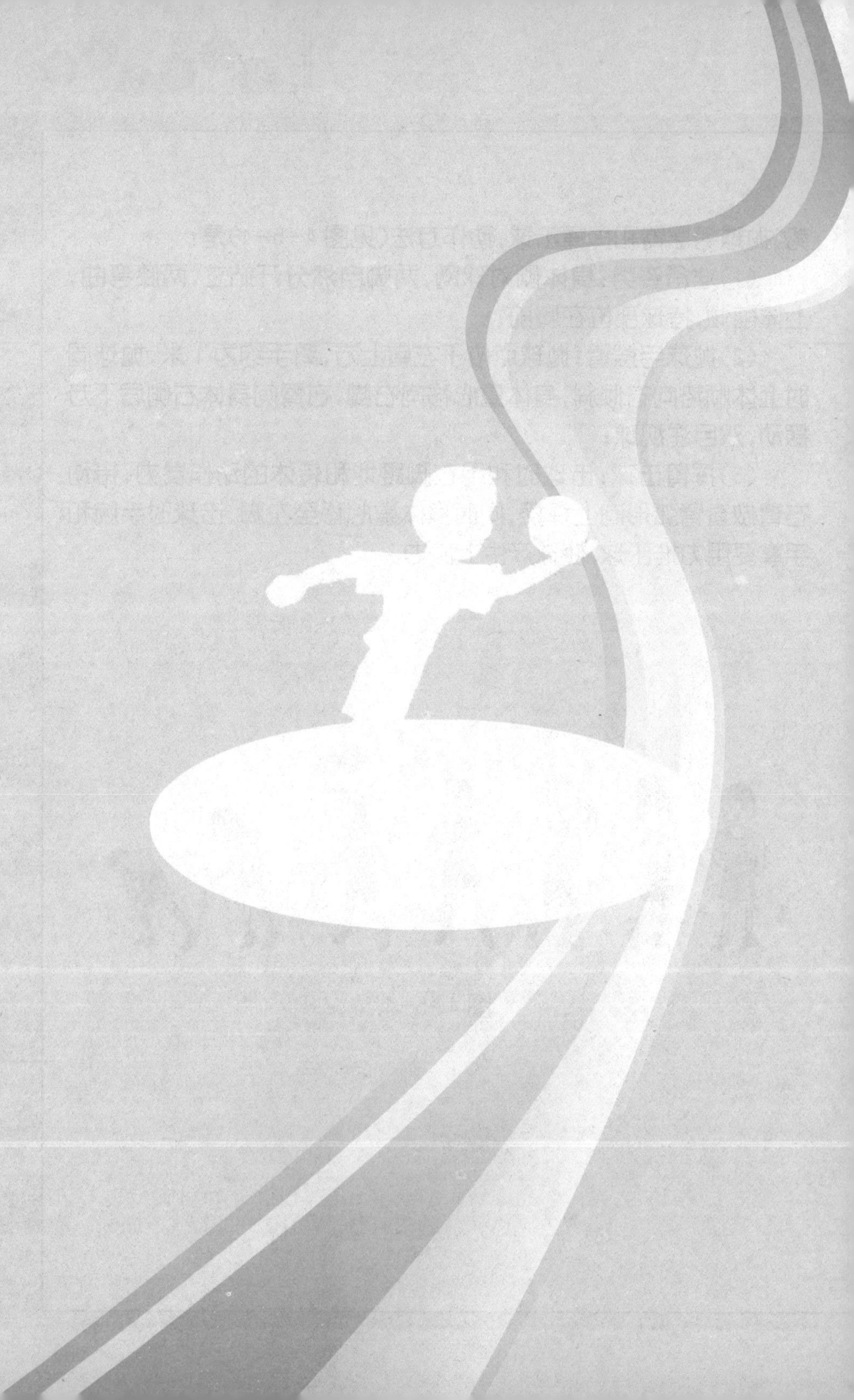

第五章 排球基础战术

排球战术是指运动员在比赛中，根据排球规则和排球运动规律，以及临场竞赛情况的发展变化，有意识地运用合理技术，互相配合，所采取的有目的、有针对性的行动，一般分为个人战术和集体战术两种。对于初学者来说，重点应掌握个人战术，如发球、一传、二传、扣球和拦网等；了解最基本的集体进攻战术，如进攻阵形和站位。

第一节 发球

发球战术不靠整体实力来决定,只凭个人的基本功,因此练好过硬的发球技术是此项战术的关键。发球战术包括加强发球质量、控制发球落点和改变发球方法等。

一、加强发球质量

加强发球质量主要表现为发球的力量、速度、弧度和旋转几个方面,达到给对方制造麻烦、直接得分或破坏对方组织进攻的目的。

二、控制发球落点

(1)可以将球发在对方队员之间的连接处,或边线、低线附近,让对方难以判断,增加接发球难度;

(2)直接向对方参加进攻的队员发球,迫使其先接球后进攻,打乱对方进攻部署;

(3)向对方二传手发球,增加其组织进攻的难度;

(4)向对方垫球技术差、情绪毛躁、心理素质低的球员发球。

三、改变发球方法

改变发球包括改变发球速度、改变发球弧度和改变发球位置等。

（一）改变发球速度

欲达到先发制人的目的，可采用击球点高、近网、快速飘球或大力发球方法，也可采用击球的轨迹高缓、速度慢的发球方法，给对方制造麻烦。

（二）改变发球弧度

用增加球的旋转改变飞行弧度，或通过高吊球，利用球体向下产生的重力加速度使对方不适应。

（三）改变发球位置

发球队员可选择不同的发球位置，如端线近处或远处，也可在端线右半区或左半区，发球距离、位置不同，发球的质量也会随之改变。

四、发球的攻击性和准确性

（1）本方比分落后或当对方进攻强轮次情况下，可采用加强攻击性的发球；

（2）本方比分领先较多，可采用进攻威力大的发球，扩大战果；

（3）在比赛中断，如叫停、换人或对方轮转位置较弱的情况下，应注意发球的准确性和稳定性；

（4）关键时刻、关键比分情况下，应确保发球的准确性。

第二节 一传

一传常在第一次接对方来球时使用，为组织本队进攻战术进行准备，具体方法是：

（1）组织快攻战术时，采用弧度低、速度快的一传；

（2）组织强攻战术时，采用弧度略高的一传，为二传队员创造便利条件；

（3）前排队员一传时，弧度应该略高些，力量略小些，为进攻赢得时间；

（4）当对方未攻过网时，一传可用上手传球，加强准确性和传球速度；

（5）如果发现对方场区有明显空当，可直接采用传、垫、挡球等动作，将球击向对方。

第三节 二传

二传的主要任务是为扣球队员创造有利条件，突破对方的拦网，具体方法是：

（1）根据本队实际情况合理分球，如传快球、拉开球、背飞等；

（2）根据对方拦网部署，与进攻队员在时间和位置上进行配合；

（3）根据本方队员不同起跳时间，采用升点、降点传球相配合；

（4）根据一传情况，如到位球或不到位球，高或低球，近网或远

网球等,合理运用传球;

(5)二次球的运用。

第四节 扣球

扣球战术的任务是,扣球队员根据比赛中队员的拦网和防守情况,选择合理扣球技术和路线,有效突破对方的防守,具体方法是:

一、扣球线路变化

(1)直线与斜线相结合,长线与短线相结合;
(2)利用助跑路线和扣球线路不同,迷惑对方拦网和防守;
(3)找对方"薄弱"队员,或者找空当。

二、扣球动作变化

(1)运用转体、转腕,改变球的线路;
(2)变正面扣球为勾手扣球;
(3)二次球进攻技术;
(4)高点平打,造成对方打手出界;
(5)时间差;
(6)轻扣或吊球。

第五节 拦网

拦网战术的任务是，拦网队员根据对方扣球的情况，采用不同的方法和手段，阻拦对方的进攻，具体方法是：

（1）拦网队员可采用在拦斜线位置起跳拦直线球，或者在拦直线位置起跳拦斜线球，用以迷惑对方；

（2）改变空中拦网手的位置；

（3）在空中将手及时收回，避免造成打手出界。

第六节 集体战术中的进攻阵形

排球运动经过多年的发展，在技战术方面有了长足的进步，本节主要介绍排球集体战术中最基本的进攻阵形，使初学者对于排球进攻的基本内容有一些了解。

一、"中一二"进攻阵形

这种阵形由③号位队员作为二传，组织②号位和④号位队员进攻，是初学者组织比赛最常用的站位方法（见图5-6-1）。

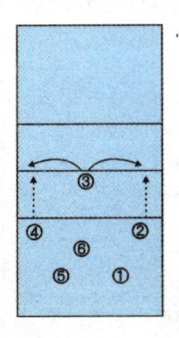

图 5-6-1

二、"边一二"进攻阵形

这是一种由②号位队员作为二传，组织③号位和④号位队员进攻的阵形（见图 5-6-2）。

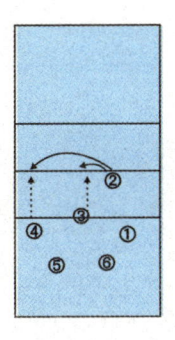

图 5-6-2

三、"后排插上"进攻阵形

后排二传队员到前排做二传，组织前排②、③、④号位队员扣球的进攻阵形，称为"插上"进攻阵形（见图 5-6-3）。

图 5-6-3

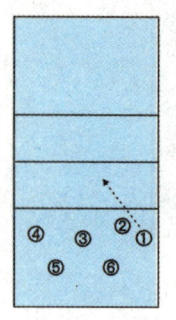

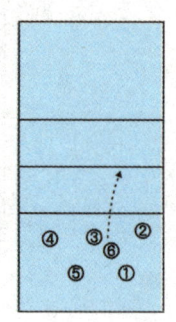

第六章 排球比赛规则

排球的裁判方法是临场裁判员的工作依据。掌握规则与裁判方法，对于裁判员提高临场裁判水准，充分发挥运动员技战术水平等方面都有重要的意义。本章主要介绍排球运动的程序和裁判方面的有关知识。

第一节 程序

同各项体育运动一样,排球运动也有严格的比赛规则,包括参赛办法和比赛方法等。

一、参赛办法

(一)队员人数与换人

排球运动比赛规则对比赛中每队队员的人数及换位、换人是有严格规定的,具体为:

(1)根据比赛形式及规模,每队队员人数 6 人,其中 1 人为自由人;

(2)每队每局有 6 人次换人机会,一人从场上下场,另一人从场下上场称为一人次换人;

(3)一个队换人后,需经比赛过程方可请求下一次换人,一次请求换人时,可以请求多人次的换人;

(4)换上场的队员只能由被他替换下场的队员来替换;

(5)替补队员一局中只有 1 次上场机会;

(6)自由人上下场不受换人次数、裁判员的限制,但应在裁判鸣哨发球前进行换人。

（二）比赛时间

（1）排球运动不受比赛时间限制，以先得到 25 分的一方为胜者；

（2）第二、三局之间休息 10 分钟，其他各局休息时间为 3 分钟。

（三）进程安排

（1）主裁判在规定时间用手势示意双方队长到记录台前，进行挑选场地和发球权工作；

（2）场地和发球权挑选完后，各自队到本方场区；

（3）主席台依次介绍队员名单，队员依次进场；

（4）先由抽到发球权队伍发球，听到主裁判哨音后比赛开始；

（5）一局比赛结束后，双方交换场地；

（6）对裁判判罚有质疑，只有队长有权上前理论，其他队员不得干扰裁判；

（7）比赛结束后，在本方场区所有队员依次站好，隔网与对方握手示意，并向观众表示感谢。

二、比赛方法

适当的比赛方法是确保比赛公平、公正的前提条件，也是客观反映参赛队竞技水平的重要保证，而且对竞赛的组织工作也有很大的影响。排球比赛中通常采用淘汰法和循环法。

(一)淘汰法

淘汰法是在比赛中以胜进负退来确定比赛名次的一种方法，即获胜队可以继续参加进一层次的比赛，失败队失去继续参加进一层次比赛资格的方法。失败一次即失去继续比赛资格的为单淘汰，失败两次便失去继续比赛资格的为双淘汰，和同一队以三战二胜、五战三胜或七战四胜的形式进行淘汰的为多场淘汰。这里主要介绍单淘汰和双淘汰。

1.单淘汰的编排法

先根据报名参加的队数，对照2的n次方大于等于N的关系式，来确定比赛的场数、轮数和号码位置数（N为参赛队数，n为大于1的正整数），比赛场数＝N－1，比赛轮数＝n。

然后由参赛队抽签，确定参赛队在比赛中的号码位置，再按顺序将号码两两相连，列出单淘汰的轮次表。

例如，8个队参加比赛（2的3次方＝8），一共要打7场比赛，分3轮进行（见图6－1－1）。

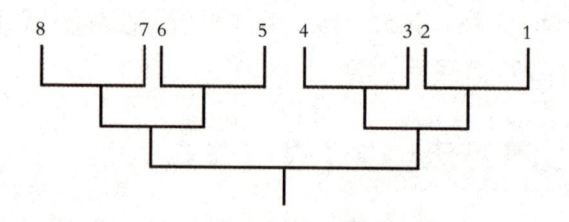

图 6－1－1

如果除了确定冠、亚军之外,还需要确定其他名次时,往往采用附加赛的办法来弥补单淘汰的不足。

附加赛的办法是在同一轮次中,胜队与胜队、负队与负队再进行比赛,直到排出竞赛所需要的名次顺序。例如,在 8 个队参加的淘汰赛中,如果要排出 8 个队的名次,那么在第一轮比赛以后,需要进行附加赛(见图 6-1-2)。

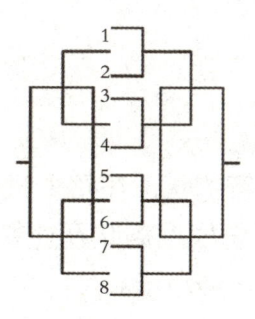

图 6-1-2

2.双淘汰的编排法

双淘汰的办法是为了使在第一轮中失败的队能够有机会继续参加比赛,甚至参加到最后争夺第一名的比赛,以减少单淘汰中产生偶然性结果。

双淘汰的编排,第一轮与单淘汰的编排相同,从第二轮起,把失败的队再编起来比赛,只有第二次失败的队才被淘汰。因而,即使在第一轮比赛中失败的队,只要它在以后的比赛中能够保持不败,就有可能去争夺冠军(见图 6-1-3)。不过,如果它在冠、亚军决赛中获胜,还必须加赛一场才能最终分出胜负。

图 6-1-3

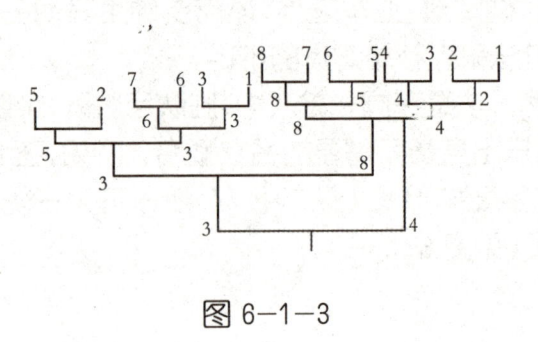

(二)循环法

循环法是使参加比赛的队,在整个竞赛中或在同一组的竞赛中,都能够相遇比赛,最后根据各队在比赛中的胜负场数,按一定的计分办法排列名次的一种方法。

所有参赛队都能相遇比赛一场的为单循环,所有参赛队都能相遇比赛两场的为双循环,所有参赛队都能相遇比赛两场以上的为多循环。

在参赛队数较多而竞赛时间有限的情况下,往往把参赛队分成若干小组,分别进行单循环,这就是从单循环衍生出来的分组循环。

1.循环法的编排

单循环比赛的总场数为(N-1)/2(N 为参赛队数)。

单循环比赛的总轮数:若参赛队数为单数,则比赛轮数等于队数;若参赛队数为双数,则比赛轮数为队数减去一。双循环比赛的总场数和总轮数比单循环增加一倍。

传统的编排方法是,无论参加比赛的队数是单数还是双数,都按照双数编排，只不过如果参加队数是单数，则在队数后面加个"0"号，使总数成双。将成双的号数一分为二，前一半号数自上而下写于左边，后一半号数自下而上写于右边，然后左右两两对应相连，就是第一轮比赛的编排，凡与"0"号相遇的队就是轮空。第一轮排定后，后面几轮的排法是以前一轮的"1"号位置固定不动，其他号码逆时针方向轮转一个位置，两两相连，就组成整个比赛的轮次表。表 6-1-1 是 7 个队循环比赛的轮次表。将整个比赛的轮次再重复一遍，便是双循环的轮次表。

表 6-1-1

第一轮	第二轮	第三轮	第四轮	第五轮	第六轮	第七轮
1—0	1—7	1—6	1—5	1—4	1—3	1—2
2—7	0—6	7—5	6—4	5—3	4—2	3—0
3—6	2—5	0—4	7—3	6—2	5—0	4—7
4—5	3—4	2—3	0—2	7—0	6—7	5—6

在这种编排中，如果比赛队数是单数，要注意一个问题，即抽到 N-1 号的队，从第四轮起都将和前一轮轮空的队比赛。而且，N 数越大，抽到 N-1 号的队，以劳待逸的比例也越大。显然，这对 N-1 号的队是很不公平的。如表 6-1-1 中的"6"号就是这种情况。

有人通过研究，采用了一种新方法，解决单数队循环中的不合理问题，即将原来第一轮次中的"0"号移到右边最下的位置，其他

几个号码分别上移一个位置。然后,"0"号位置固定不动,其他号码每一轮逆时针方向轮转一个位置,两两相连,组成单数队循环比赛新的轮次表,避免劳逸不均的情况(见表6-1-2)。

表6-1-2

第一轮	第二轮	第三轮	第四轮	第五轮	第六轮	第七轮
1—7	7—6	6—5	5—4	4—3	3—2	2—1
2—6	1—5	7—4	6—3	5—2	4—1	3—7
3—5	2—4	1—3	7—2	6—1	5—7	4—6
4—0	3—0	2—0	1—0	7—0	6—0	5—0

2. 循环法的号码位置排定

比赛轮次排定后,各队进行抽签,抽签后将号码代入轮次表中,再把各轮次的比赛编成比赛的日程表。

在进行分组循环比赛时,首先要把分组的办法确定下来。通常采用的分组办法有两种:第一种是按上一届竞赛中的名次进行分组,即蛇行排列的方法。全部参赛队一起抽签分组,分组后再抽签确定号码位置,然后将各队号码分别代入相应的各组比赛轮次表中去。例如,有20个队参加比赛分4组时,排法见表6-1-3;第二种是先协商确定种子队(种子队数应等于或倍于组数),然后由种子队抽签定组别,再由其他队分别抽组别签和组号签。

表 6-1-3

一	二	三	四
1	2	3	4
8	7	6	5
9	10	11	12
16	15	14	13
17	18	19	20

3.循环法的名次排定

采用循环法的竞赛,要确定名次,不是以一场比赛的胜负,而是以各队的全部比赛胜负来计算。一场比赛的胜负,以积分的形式来表示,胜一场得 2 分,负一场得 1 分,弃权为 0 分。下面是名次排列的原则:

(1)按积分多少排列;

(2)在积分相等的情况下可按以下原则排列:

第一,按相互间比赛的胜负场数排列;

第二,如果遇到两队或者两队以上积分相等,则按下面办法决定名次:计算 C 值,C 值 =A(胜局总数)/B(负局总数),C 值高者名次列前;如果 C 值仍然相等,则计算 Z 值,Z 值 =X(总得分数)/Y(总失分数)。

第二节 裁判

排球运动有其自身的竞赛规则和裁判方法,因此裁判员严格执法、公平公正的判罚,是引导比赛正常进行的一种手段,它有利于运动员技战术水平、体育道德等方面提高,使比赛更加精彩。

一、裁判员

裁判员是根据竞赛规程和比赛规则的规定,执行其比赛组织工作。一般而言,一场比赛裁判员包括主裁判、副裁判和两名边线裁判员。

二、记分

记录员的工作非常重要,他根据规则填写记录表并与裁判员进行合作,在必要时用蜂鸣器通知裁判员场上出现的犯规。

记录员的记录必须准确无误,这是全场比赛进程及最终结果的唯一文字依据。

三、犯规

(一)发球犯规

遇下列任何一种情况,则判发球犯规:

(1)未将球抛起或未使球清楚离手即击球；

(2)双手击球或单手持球抛出、推出，以及用手臂以外的身体任何部位击球；

(3)原地发球或跳起发球时，脚踏及端线或踏越发球区的短线；

(4)未能在鸣哨后5秒内发球，或发球试图之后，在再次鸣哨后3秒内仍未发球；

(5)利用个人掩护或集体掩护发球；

(6)发球犯规与对方位置错误同时发生；

(7)发球顺序错误与对方位置错误同时发生。

(二)发球失误

遇下列任何一种情况，则判发球失误：

(1)球抛起后，发球队员未击球，而球从空中落下时触及该队员的身体任何部位；

(2)发出的球触及本队队员、球网、标志杆或其他物体；

(3)球未过网或未从过网区过网；

(4)发出的球未触及对方队员而落在对方场外。

(三)重新发球

遇下列任何一种情况，则判重新发球：

(1)裁判员未鸣哨已将球发出；

(2)每次发球时仅有一次发球试图之后；

(3)遇特殊情况必须停止比赛时(如运动员受伤、球滚入场内

(四)发球顺序错误

遇下列任何一种情况,则判发球顺序错误:

(1)未按记录表上登记的发球顺序进行发球;

(2)发球队胜一球时,原发球队员未继续发球,而由其他队员代替发球;

(3)接发球队获得发球权后,未经轮转,不是由前排右队员转至后排右队员进行发球,而是由其他队员代替发球。

(五)位置错误

遇下列任何一种情况,则判位置错误:

(1)发球队员击球时,双方队员(除发球队员外)未完全站在本场区内,即脚的一部分接触到外场区或对方场区;

(2)未按"每一名前排队员至少有一只脚的一部分,比同列后排队员的双脚距中线更近"的规定站位(见图 6-2-1);

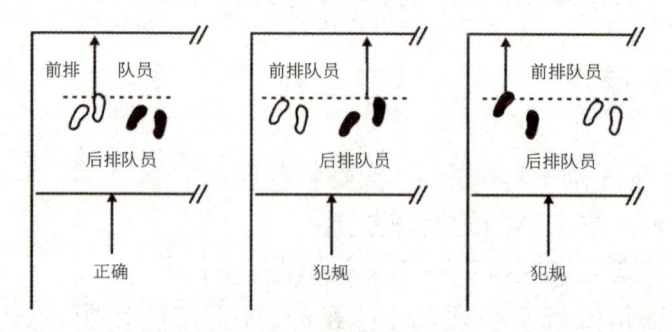

图 6-2-1

（3）未按"每一名右边（左边）队员至少有一只脚的部分比同排中间队员的双脚距右（左）边线更近"的规定站位（见图 6-2-2）。

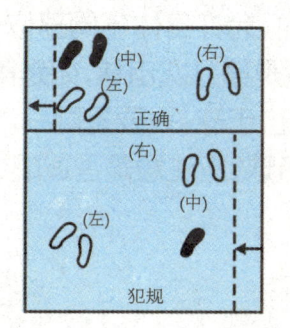

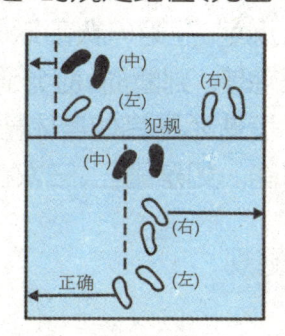

图 6-2-2

（六）持球

规则规定，如一名队员没有将球击出，并把球接住或抛出，则应判为持球犯规。判断持球的主要根据球是否停滞在队员身体的任何部位，并联系球是否被击出和击球时有无错误动作。合法的击球应是一个单一的动作，而持球犯规先是使球停滞，再将其击出。好的击球动作应是击球果断，球出手快、声音清脆，出球的方向和高度与动作相符合。击球动作很"黏"，缓冲过大，则持球的可能性就越大。

（七）连击

规则规定，如一名队员连续击球两次或被球连续触及身体的不同部位（栏网和第一次击球除外），则判为连击犯规。这条规定包

含两个意思：一是两次触球不是同时的，而是有先后的；二是在两次击球中，无另外队员触球。

规则又规定，在第一次击球时，允许身体不同部位在同一击球动作中连续触球。判断时，应分清是第几次击球，如是第一次击球，无论是上手传球还是其他身体部位击球，只要是同一击球动作，则无连击的可能。如是第二、三次击球，应注意是否造成连击犯规。

(八)触网犯规

凡是在有意图击球时，队员触网，判为犯规；凡是在非试图击球时，队员偶然触网，但不影响比赛，不为犯规。

(九)过中线犯规

比赛进行中，队员身体的任何部位都不允许越过中线接触对方场区，但队员的一只（两只）脚或一只（两只）手在接触对方场区的同时，其一部分还接触中线或置于中线上空，不判为犯规。如队员击球后，因惯性而越过中线延长线，在不影响和妨碍对方的情况下，进入对方场区以外的无障碍区或对方空间也不判犯规。

(十)后排队员犯规

后排队员犯规包括后排队员进攻性击球犯规和后排队员拦网犯规。

1. 后排队员进攻性击球犯规

后排队员进攻性击球犯规必须同时具备以下两个条件：

(1)起跳时在前场区或踏及进攻线(包括其延长线);
(2)击球时整个球体高于球网上方。
2.后排队员拦网犯规
后排队员拦网犯规必须同时具备以下三个条件:
(1)后排队员靠近球网;
(2)手高于球网上沿;
(3)阻挡并触及对方来球。

(十一)界内球与界外球的判断

1.界内球
球落地时,球体与比赛场地全部接触,或球体一部分与比赛场地的界线接触,则为界内球。
2.界外球
遇下列任何一种情况,则判界外球:
(1)球落在场区外或球体投影尚有一部分在场地界线上空,但球体未接触场地界线;
(2)球触及标志杆或标志杆以外的球网以及球场以外的任何物体;
(3)球从过网区外过网;
(4)球的整体从空中越过中线及其延长线的垂直面。

网球

第七章 网球概述

网球运动被誉为除足球运动之外的世界第二大运动,也是首届现代奥林匹克运动会的唯一球类项目。本章主要阐述网球运动的起源和发展、特点和价值等内容。

第一节 起源与发展

网球运动起源于法国,至今已有 500 多年的历史,它与高尔夫球、保龄球和桌球并称为"世界四大绅士运动"。

一、起源

据传,14 世纪时,在法国一个宫廷晚会上,一位音乐教师介绍了一种文雅的游戏。这种游戏由两个人各站一边,中间用一条绳隔开,随着音乐的节奏,两人用手把一个球打来打去(球是布面的,中间塞满头发),这就是最初的网球运动。

当时,法国的贵族们认为这种游戏很有趣,并有运动的性质,所以,在茶会和宴会中经常将它作为消遣的节目。当时,网球运动同马术和击剑曾被看做是"三项贵族的高雅运动"。

1873 年,英国一位少校设计了一种适用于户外、男女都可以从事的网球运动,现代网球运动便由此诞生了。

1877 年 7 月,在英国伦敦郊外温布尔顿举办了首届草地网球锦标赛,即温布尔顿第 1 届比赛。随后草地网球也由英国的移民、商人等传至全球。

二、发展

1913 年在法国的巴黎成立了世界网球的最高组织——国际网球联合会。它的成立为网球的进一步发展开辟了一条更加广阔的道路。

男、女网球曾分别于 1896 年和 1900 年被列为奥运会比赛项目，后因在职业运动员参赛问题上出现分歧，1924 年奥运会后被取消，1988 年重返奥运会。

20 世纪 70 年代以后，网球运动得到了进一步的发展。此项运动取消了职业选手和业余选手的界限，增加了大赛的激烈程度，从而促进了运动员技术水平的提高，激发了广大网球爱好者从事该项运动的热情和观看网球比赛的积极性。

进入 20 世纪 90 年代后，网球运动开始向大众化发展，并逐渐在群众中得到普及。随着器材的改革，尤其是球拍的研制，网球运动开始向着力量、速度型方向发展。而且，随着各种大赛奖金的不断提高，网球的职业化、商业化程度也越来越高。总之，作为"绅士运动"的网球，将以其独特的魅力和不断发展的技术赢得越来越多的爱好者。

第二节 特点与价值

网球运动是奥运会项目之一，受到全世界人民的关注和喜爱，说明它具有自身的特点和价值。

一、特点

网球运动是深受人们喜爱，极富乐趣的一项体育活动。它既是一种消遣，一种增进健康的方式，也是一种扣人心弦的竞赛项目。打网球文明、高雅，动作优美，每打出一次好球，都会使人感觉很兴奋，愉快无比。

(一)竞技性

打网球需要长时间连续来回地移动和击球,这能够提高人反应的灵敏性,使人起动快,移动迅速,并能在较长一段时间内保持这种快速活动能力。网球运动中有力的抽击球和凶猛的高压球,都需要较好的力量素质。因此,打网球可以使人动作迅速,判断准确,反应快,并能提高力量、耐力等身体素质,对发展身体协调性有积极的作用。

(二)艺术性

网球独特的欣赏价值还体现在它特有的美的艺术氛围上。从场地设施到器材使用,以至比赛环境的布置,可以说网球除了讲究实用之外,无处不注意美的氛围的营造。以服装设计为例,网球服早已自成体系,别具一格。男性上身要穿翻领上衣,下身穿短裤,女性上身要穿短衫,下身要穿短裙子或连衣短裙。男、女服装都给人一种朝气、健康和向上的美感。运动员在网球场上的一些动作,往往更富于一种特殊的动态美感。

二、价值

网球运动是一项把竞争性、文化性、观赏性和参与性有机结合在一起的极具魅力的体育项目。它既有悠久的历史,又不断被普及和发展,是深受群众喜爱的时尚健身运动。

(一)促进人体机能的发展

经常打网球可使我们神经系统的灵活性和持久性得到很大的提高，并保持充沛的精力，增强记忆力，提高工作、学习效率，对运动系统也能起到积极的促进作用，如骨骼更加粗壮、坚固，纤维变粗，肌肉更加粗壮、结实，反应更加迅速、准确、协调。经常打网球还能使循环系统的机能得到改善，而且还能改善呼吸系统的功能。

(二)促进青少年身心的发育

打网球需要具备敏捷的思维、快速的反应、准确的判断。青少年参加网球运动不仅可以强身健体、益脑增智，还可以培养自立、自强、自信、协作、忍让、守纪和进取的能力，并学会处理个人与同伴的关系，提高社会活动能力。

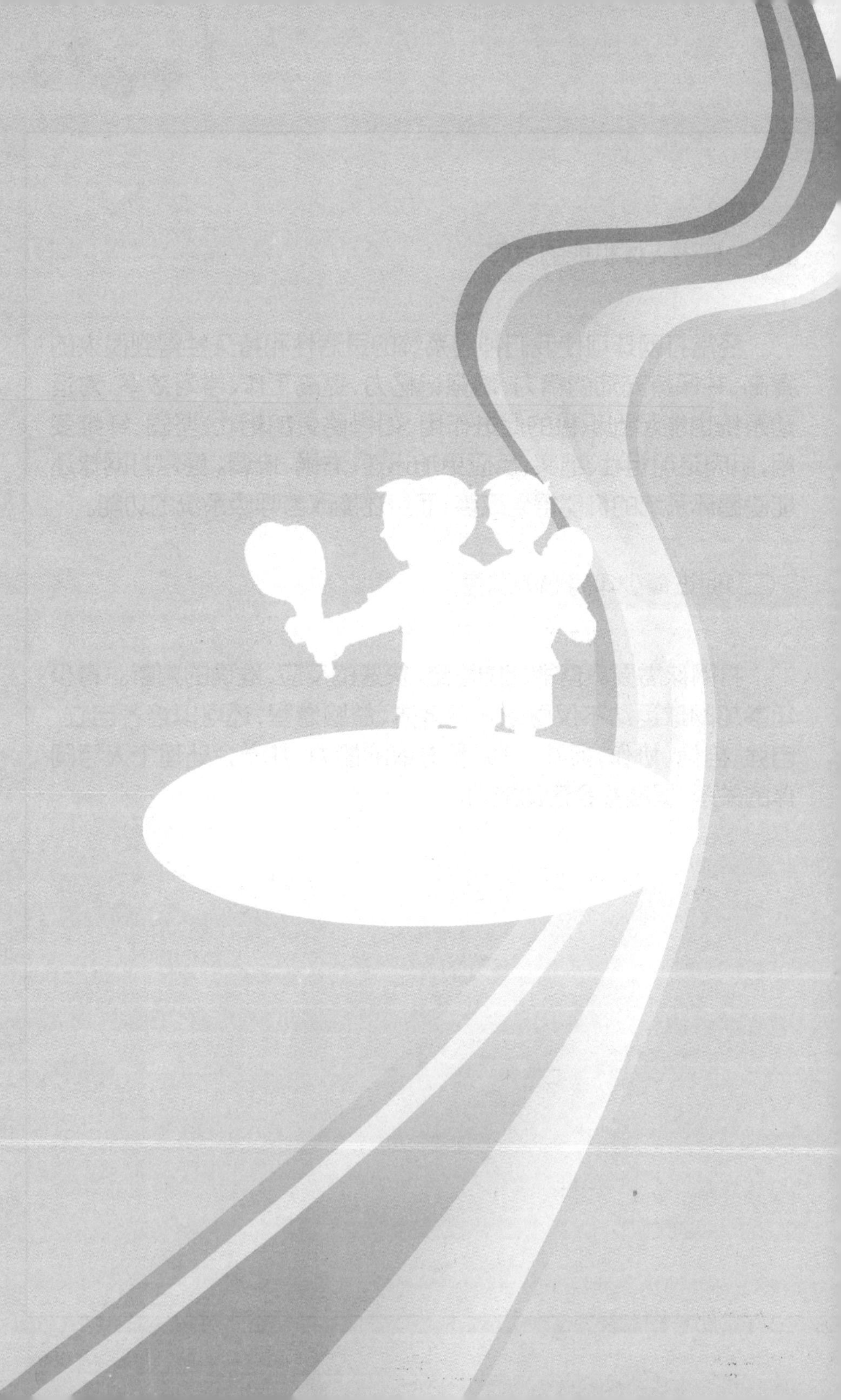

第八章 网球场地、器材和装备

　　网球运动是一项"贵族"运动,花销比较大,器材和装备都相对较贵。不同的场地、不同的球拍打出的球速和方向都不同,所以网球运动对场地、器材和装备的要求比较高。

第一节 场地

网球场地是运动员进行练习或比赛的场所。一般打网球要有专门的场地，对网球场的要求较高，没有好的场地，就不能轻易判断出球在落地后的运动轨迹，给网球运动的参与者带来不便。

一、规格

(1)网球场呈长方形，长 23.77 米，单打边线宽 8.23 米，双打边线宽 10.97 米；

(2)发球线至端线的长度为 5.485 米，至球网的距离为 6.4 米；

(3)两条端线的中心各有两条宽 0.55 米，长 0.1 米的短线，为球场的中点；

(4)靠近球网的 4 个长方形区域为发球区，比赛时发球必须落在对方对角的发球区内，才算有效(见图 8-1-1)。

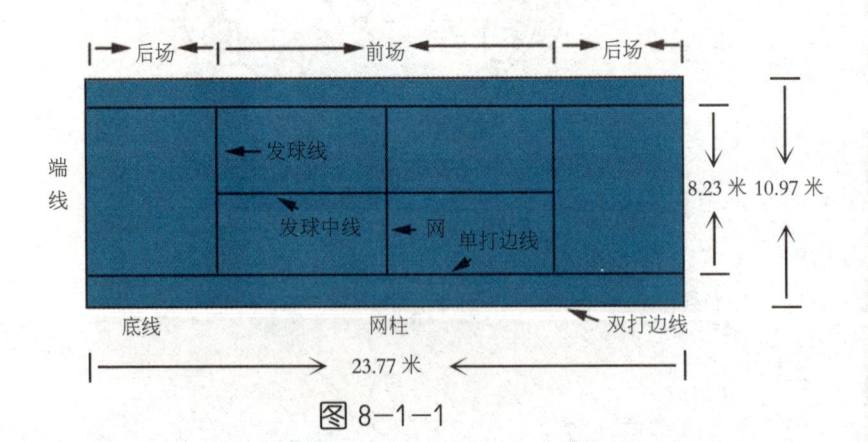

图 8-1-1

二、分类

(一) 草地球场

草地球场为种植青草的场地，场地美观，属于快速球场，但是球的反弹不高，一般发球上网型的运动员在这种场地上可以发挥出较高的水平。

(二) 土地球场

土地球场是将黏土和沙土混合一起压实压平后，再在上面铺上一层细沙的场地，属于慢速球场，适合于稳扎稳打的底线型选手，对运动员的底线技术和体力有较高的要求。

(三) 塑胶球场

塑胶球场是在水泥场地上涂上一定厚度的塑胶，特点是速度快，球的反弹较高，比较适合于上网型的选手，现在的球场多为塑胶球场。

(四) 硬地球场

硬地球场一般是用水泥或沥青铺成的，属于快速球场，但场地较硬，长时间打球会对膝关节和踝关节造成伤害，另外这类场地对球的磨损也较大。

三、设施

(一)网柱

(1)网柱安装在边线中央的外侧位置上,与边线在同等距离处垂直加以固定;

(2)网柱既可用金属制也可以用木制,木制为方形,其边长为12厘米;金属制为圆形,其直径为7.5厘米。

(二)球网

(1)球网颜色为黑色,高1.06米,长12.65米,网孔边长不超过3.5厘米;

(2)球网悬挂在直径不超过0.8厘米的钢丝绳上,钢丝绳长度为15米,上端网边用两面宽为5~6厘米的白布包住;

(3)球网的两端要与网柱拉紧,球网下沿与球场地面相接。

四、要求

(1)球场四周必须有一定范围的空地,端线外至少应有6.4米,边线外侧至少应有3.66米;

(2)网柱要牢固在地下,不能晃动,为了更加坚固,一般都以钢铁制成;

(3)球网质量要结实,材料要好,一般都是深绿色,与球和场地的颜色区分开,同时两端连在网柱上,要绷紧,不能松动。

第二节 器材

对网球运动员来说好的球拍能使运动员准确判断出球的运动轨迹，轻松地打出自己理想的球，所以初学者需要了解球拍和球的相关知识。

一、球拍

(一)规格

(1)拍框和拍柄的总长不得超过 81.28 厘米，拍框总宽不得超过 31.75 厘米；

(2)拍框内沿总长不得超过 39.37 厘米，总宽不得超过 29.21 厘米(见图 8-2-1)。

(二)材质

球拍的击球面必须是平的，由弦线编织而成，每条弦线与拍框联结，特别是中心密度不能小于其他任何区域。

图 8-2-1

二、网球

(一)规格

(1)网球重量 56.7～58.5 克,直径 65.4～68.6 毫米;
(2)从 2.54 米高处落地,反弹高度应在 1.35～1.47 米之间;
(3)在受 8.2 千克压力下,受压方向应低陷 5.87～7.35 毫米,球体变形应在 8.9～10.8 毫米(见图 8-2-2)。

(二)材质

网球一般都是人工合成的,内部是一个橡胶做成的小皮球,为了降低网球的弹性,外面用人工合成的绒毛包裹,这样使运动员更容易控制球,同时也使比赛更加具有观赏性。

(三)要求

选择网球一要从质量和价格两方面考虑,二要看自己打球的体会和感觉。网球应具备良好的弹性,用手指按压时软硬适中。

图 8-2-2

第三节 装备

一个好的网球运动员不仅需要有好的球拍和网球,还要有一身适合打网球的装备,包括服装和网球鞋,服装只要适合跑动即可,网球鞋的要求较高。

一、服装

(一)款式

现在的网球服装,男子多为 T 恤和短裤,女子多为连衣短裙或短衫、短裙,也有女子球员穿运动短裤。

(二)要求

(1)服装要便于活动,其面料一般为吸汗性和透气性较好的棉制品;

(2)要整齐干净,以表示对对方、裁判员乃至观众的尊重(见图8-3-1)。

图 8-3-1

二、网球鞋

(一)款式

(1)网球鞋的种类很多,从鞋面质地上讲,主要有皮革和帆布两类,鞋面上有包裹大脚趾部位的皮革或帆布,防止过度磨损;

(2)网球鞋的底较平,多为耐磨的橡胶或其他材料,一般人字纹的鞋底比较适合硬地或土地,而辐射状纹的鞋底适合于所有场地(见图 8-3-2)。

(二)要求

(1)打网球时的急停、起动等动作对踝和膝关节的压力较大,因此,选择的球鞋应具有较好的缓冲性能;

(2)网球鞋还应该能够提供向前、向后和其他方向变化的支撑功能;

(3)网球鞋要穿着舒适、结实耐用、活动便捷;

(4)网球运动很讲究礼仪,穿着可能损坏场地的运动鞋或其他硬底鞋上场,会被认为是很失礼的行为。

图 8-3-2

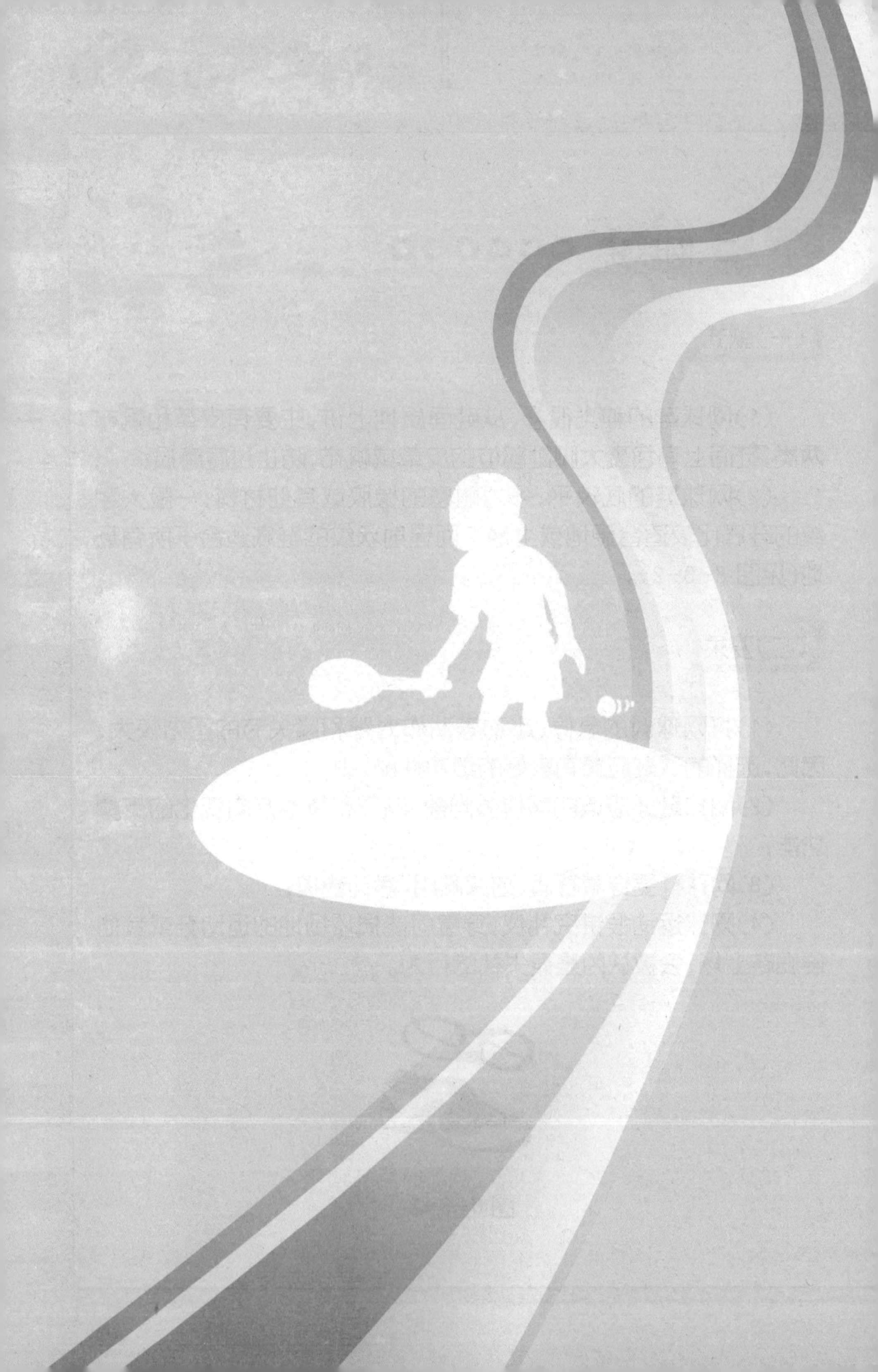

第九章 网球基本技术

网球的基本技术是网球学习者必须掌握的,包括握拍方法、准备姿势、发球、接发球、正手击球、反手击球、高压球、挑高球、截击球、放短球、反弹球、步法和击球的五要素等。

第一节 握拍方法

打网球有四种基本握拍方法,即东方式握拍法、大陆式握拍法、西方式握拍法和双手握拍法。

一、东方式握拍法

东方式握拍法也称为握手式握拍法,握拍时拍面与地面垂直,大拇指与食指呈"V"字形,握在拍柄中部,包括正手握拍和反手握拍两种。

(一)正手握拍

东方式正手握拍适用于平击球和上旋球,动作方法(见图9-1-1)是：
(1)将虎口放在拍柄右侧棱上,食指关节放在拍柄右上侧棱上；
(2)拇指环绕拍柄,在拍柄上伸展食指,以增强力量和适应性。

图 9-1-1

(二)反手握拍

反手握拍适用于上旋球和削球,动作方法(见图 9-1-2)是：
(1)将虎口放在拍柄左侧棱上,食指关节放在拍柄左上侧棱上；
(2)拇指环绕拍柄,在拍柄上伸展食指,以增强力量和适应性。

图 9-1-2

二、大陆式握拍法

大陆式握拍法也称英国式握拍法,动作方法(见图9-1-3)是:
(1)拍面与地面垂直,大拇指与食指呈"V"字形,握在拍柄中部;
(2)大拇指与食指互相接触。

图 9-1-3

三、西方式握拍法

网球运动中有不少选手使用西方式握拍法,这种握拍法在打高球时有很大威力,动作方法(见图9-1-4)是:
(1)拍面与地面平行;
(2)手掌从上面握住拍柄。

图 9-1-4

四、双手握拍法

双手握拍法的击球力量相对单手来说较小，因为双手握拍的挥拍距离较短，手臂不能充分伸展击球，但是双手握拍比较容易控制球的方向。使用双手握拍的运动员人数很少，因为在步法上它也要比单手击球多跑一步，要有很好的体力才能适应。双手握拍法包括双手正手握拍和双手反手握拍。

(一)双手正手握拍

双手正手握拍控球较稳，力量相对较小，动作方法（见图9-1-5）是：

（1）面向对方场区站立，两脚开立略宽于肩，两眼注视对方或来球；

（2）左手在后，靠近拍柄末端，右手在前，紧靠左手，握在拍柄上；

（3）右手通常以东方式正手握拍为主；

（4）左手作为辅助，介于大陆式和东方式反手握拍法。

图 9-1-5

（二）双手反手握拍

双手反手握拍控球较稳，力量相对较小，动作方法（见图9-1-6）是：

（1）面向对方场区站立，两脚开立略宽于肩，两眼注视对方或来球；

（2）右手握法介于东方式和大陆式握拍法之间，辅助的左手使

用东方式正手握拍法,这样可以固定拍面,增强击球力量;

(3)右手握拍柄,左手扶着拍颈部分,持拍于体前;

(4)两膝略屈,上体略前倾,脚跟略提起,重心置于两脚前脚掌间,保持便于迅速起动的状态。

图 9-1-6

第二节 准备姿势

准备击球是一种临战状态,因此准备姿势应以自然、灵活、机动的姿势为佳,动作方法(见图9-2-1)是:

(1)面向对方场区站位,两脚分开站立,略宽于肩;

(2)右手握拍柄,左手扶住拍颈部位,持拍于体前;

(3)两膝略屈,上体略前倾,脚跟略抬起,重心置于两前脚脚掌间,保持便于迅速起动姿势;

(4)两眼注视对方或来球。

图 9-2-1

第三节 发球

　　发球是比赛开始的第一个动作,是进攻的开始,它是网球技术中非常重要的一项技术,特别是在硬地和草地球场上发球更为重要。好的发球应该具有较强的攻击性,使发出的球在速度、力量、旋转和落点方面有不断的变化,从而导致对方接发球困难而使自己直接得分,或得到反击机会。

　　在现代网球运动中,发球技术是非常重要的,是唯一由自己控制的击球法,可以不受对方制约,能在较大程度上发挥出个人特点,用以控制对方,为自己进攻创造有利条件。为此,运动员必须全面掌握各种发球技术,以便在比赛中争取主动。发球技术一般分为平击发球和旋转发球,对于青少年初学者来说,应该先掌握平击发球技术。

一、发球

发球动作分为准备动作、抛球、击球和随挥 4 个步骤。

(一)准备动作

准备动作的动作方法(见图 9-3-1)是:

(1)用大陆式握拍法或东方式反手握拍法,全身放松,侧身站立在端线外中场标记线旁(单打);

(2)左肩对左侧网柱,面向右侧网柱,两脚分开,约同肩宽,左脚与端线约成 45°角,右脚约与端线平行,重心在左脚上,左手持球,轻托球拍于腰部,拍端指向前方,呼吸均匀,精力集中。

图 9-3-1

（二）抛球

抛球与后摆抛球及后摆拉拍动作同步开始，动作方法（见图9－3－2）是：

（1）持球手拇指、食指和中指轻轻托住球，掌心朝上；

（2）当球拍向后下引时，持球手同时下降至右腿处，当球拍从身后向头上方做大弧度摆动，身体做转体、屈膝、展肩时，持球手柔和地在左前方上举，伸高至头顶；

（3）抛球动作要协调、平稳，球送至最高点再离开手指，抛向空中，此时右肘向后外展，约同肩高，拍端指向天空，左侧腰、胯呈弓形，身体重心随着抛球开始先移向右脚，然后平稳地开始前移，此刻肩与球网的夹角为直角。

图 9－3－2

(三)击球

击球的动作方法(见图9-3-3)是：

(1)左手抛出球,球拍继续向上摆起,握拍手的肘关节放松,向前转动的身体和右肩使手臂自动产生一个完美的绕圈;

(2)当球下降至击球点时,迅速向上挥拍击球,左脚上蹬,使手臂和身体充分伸展,当身体向前上方伸展击球时,肩、手臂回转,双肩与球网平行;

(3)挥拍击球时,持拍手腕带动前臂,有一个旋内的"鞭打"动作,它是发球发力的关键动作,也是其他诸如重心前移、蹬腿、转体、挥拍等力量的聚集点;

(4)随挥动作球发出后,身体向场内倾斜,保持连续完整的向前上方伸展的随挥动作;

(5)球拍挥至身体左侧(美式旋转发球,球拍随挥至身体右侧),重心移向前方,做到自然跟进,并保持身体平衡。

图9-3-3

(四)随挥

击中球时,虽然挥拍击球动作已告完成,但整个发球过程却仍在继续。到达击球点后,球员应顺着身体及挥拍惯性做收腹、转肩和收拍动作,最终球拍由大臂带动,收向持拍手的异侧体侧,结束整个发球动作(见图9-3-4)。

图 9-3-4

二、发球分类

发球基本分为3类,即平击发球、切削发球和上旋发球。每一种发球都有自己的特点和用途,好的发球具有相当大的攻击力,并使发出的球在速度、力量、旋转和落点等方面有所变化。

（一）平击发球

平击发球在各种发球中属于球速最快的发球法，也叫炮弹式发球，特点是球速快、反弹低、力量大、威胁大，但命中率较低。如果身材高大，可以借助高点击球的空中优势直接进攻对方，如果身材较矮小或女选手则不宜使用平击发球，动作方法（见图9-3-5）是：

（1）发平击球时的击球点应在身体的右眼前上方；

（2）以拍面中心平直对准球，击球后中上部，此时手腕的向前鞭甩和前臂的"旋内鞭打"非常重要，身体充分向上、向前伸展，以获得最高击球点，提高发球命中率。

图9-3-5

(二) 切削发球

切削发球是一种以右侧旋转,略带下旋为主的发球法,即由球的右上方向左下方切削击球,特点是球速快,威胁大,而且容易提高发球命中率,为此被世界各国多数运动员所采纳,动作方法(见图 9-3-6)是:

(1) 发球时把球抛到右侧斜上方,球拍快速从右侧中上方向左下方挥动;

(2) 击球部位在球的中部偏右,使球产生右侧旋转。

图 9-3-6

(三) 上旋发球

上旋发球是以上旋为主,侧旋为辅的发球法。由于球的上旋成分多于切削发球,使球产生一个明显的从上向下的弧形飞行轨迹而过网,特点是发力越强,旋转成分越大,弧形就越大,命中率也就越高，落地后高反弹到对方的左侧，迫使对方离位接球，造成很大压力，同时为发球上网带来足够时间，动作方法（见图9-3-7）是：

（1）发上旋球时把球抛到头后偏左位置；

（2）击球时身体尽量后仰呈弓形，利用杠杆力量使球旋转，球拍快速从左向右上方挥动；

（3）从下向上擦击球的背面，并向右带出，使球产生右侧上旋。

图9-3-7

第四节 接发球

接发球是一项很复杂的技术，在接发球动作中，有时打正拍，有时打反拍，有时也挑高球，而这些技术的难度比一般来回击球的难度要高得多。这是因为发球队员处于主动地位，接球队员则处于

守势的缘故，球一发出，接球队员立即要对球的速度和旋转作出快速的判断。接发球技术的动作方法是：

（1）做好准备姿势以后，应把注意力集中在发球队员以及即将抛出的球上，要保持头脑清醒，不要理会其他运动员，也决不要受场外任何干扰；

（2）当对方球已发出时，接球者用脚掌跷起，以减少身体惰性的影响，这样提起身体，有利于在判明来球方向时，做转体动作；

（3）接发球完成动作的时间比一般的落地球要少，就是说接球方要准备得更快些，后摆距离也要缩短些；

（4）面对一个快速发球，根本没有更多的时间做出反应，以及正常的后摆和击球，因此不得不缩短后摆动作，并把注意力集中在出拍击球上；

（5）准备接发球时，对于飞来的球体必须系统判断，从球离发球队员手之前，到它跳起被球拍击到之时，眼睛始终不能离开球；

（6）接发球时站立的位置最好在端线上，站在这个位置，有时间做出反应、准备和击球，但是，如果发球队员的第二发球很弱，速度很慢，便可以踏进场内早些击球，给发球队员施加压力，减少他的准备时间，以便对他的发球动作以及发完球后下一次击球造成影响；

（7）接发球时，握拍要紧，手腕也要绷紧，特别在接力量很大的发球时，更要注意这两点；

（8）接发球后，应移动到对方可能回球的中心地区，随挥动作一结束，身体就要移动，准备对方的下一次回击，并立即移动到自己场地中央。

第五节 正手击球

正手击球是初学者首先应该学习的击球动作,它是网球技术的基础,因此必须很好地掌握。正手击球为进攻性击球,不能作为防守手段,常用于对方回球的位置在身体右侧,动作方法(见图9-5-1)是:

(1)以右手东方式反手握拍法为例,右手握拍者从准备姿势开始,移动到来球位置,最后一步应左脚在前,身体左侧朝向来球方向;

(2)将球拍充分向后挥摆,拍端翘起,指向后方,手臂伸展,眼睛注视来球;

(3)拍触球时拍面和手掌要与地面保持垂直,击球中部,手腕固定,握紧球拍,要有"以手掌击球"的感觉,上臂和腰部随身体转动,向前上方协调配合用力,身体重心从右脚逐渐移到左脚;

(4)击球后球拍随势挥至身体的左侧前上方,随球动作完成后迅速还原,恢复成准备姿势。

图 9-5-1

第六节 反手击球

初学网球时，一般人都认为反手击球很难，然而一旦掌握了反手击球的要领，就可以正确而轻松地运用了。掌握正确的反手击球技术，对于成为一个技术全面的运动员至关重要，特别是在比赛中，反手常常是被对方攻击的薄弱点。反手击球包括单手反手击球和双手反手击球等。

一、单手反手击球

反手击球常在对方回球位置在自己身体左侧时使用，特点是击球更自然，对于初学者容易建立良好的平衡，但是反手击球不是大力武器，不能避开正手打反手，因为正手更容易发力，动作方法（见图9-6-1）是：

（1）以右手东方式反手握拍法为例，当来球飞向反手方向时，右手握拍者从准备姿势开始，移动到来球位置，最后一步应右脚在前，身体右侧朝向来球方向，用非握拍手帮助球拍向左后方挥摆；

（2）在迎球过程中，挥拍手臂与向右转体动作相配合，使球拍由低向高挥动，击球点在身体左前方，高度在膝、腰之间；

（3）拍触球时手腕固定，握紧球拍，拍面与地面保持垂直，击球中部，要有球拍和球接触的时间越长越好和"以手背击球"的感觉，不要把整个手臂抬起，或有耸肩动作；

（4）击球后球拍随势挥至身体右侧前上方，身体重心从左脚逐渐移到右脚,然后迅速还原成准备姿势。

图 9-6-1

二、双手反手击球

双手反手击球的动作方法是(见图 9-6-2):

(1)从准备姿势开始;

(2)右脚在左脚前,引拍到来球方向,拍触球时手腕固定,握紧球拍,拍面与地面保持垂直,击球中部;

(3)击球后球拍随势挥至身体的右侧前上方,身体重心从左脚逐渐移到右脚,然后迅速还原成准备姿势。

图 9-6-2

第七节 高压球

高压球又称扣杀球,为将对方挑过头顶的高球,自上而下扣压到对方场区的击球动作。高压球在现代网球比赛中不可缺少,在双打比赛中尤其重要,常在对方打出较高球时使用,动作方法(见图9-7-1)是:

(1)大都采用大陆式握拍法,如果对方打来的球是高球,就要移动身体,在身体右前方的高点击球,这时要及时侧身,迅速将球拍举到肩的高度,左臂轻轻向上伸展,以保持身体平衡;

(2)此时的体姿较低,右脚向后收,重心随着左脚的迈出向前移,以增强挥拍力量,右腿膝部应放松;

　　(3)肘、腕自然弯曲,像挥鞭一样,击球点在伸展开的左手上方,在高点上猛力地击球,在挥击过程中,身体的重心从右脚移向左脚,到随挥时重心已完全放在了左脚。

图 9-7-1

第八节 挑高球

　　挑高球即向上击球。在现代网球比赛中,挑高球可以作为一种防守手段,但更主要的是将其作为一种进攻手段来使用,动作方法(见图 9-8-1)是:

（1）挑高球的基本动作与正手击球类似；

（2）不同的是在击球的一瞬间，球拍上扬，挥拍弧线向前上方，向上打出高球，随挥更大。

图 9-8-1

第九节 截击球

截击球是指在对方来球未落地之前加以回击，是一种攻击性击球方法。在现代网球比赛中，截击球的一个突出特点就是"快"。上网截击是经常使用的战术。不论是在单打比赛中，还是在双打比赛中，谁占据了网上的有力位置，谁就控制了整个局面。截击球常用于网前进攻，降低对方回球角度，是得分的重要手段，特点是具有极强的进攻性，有较大的威力，速度较快。截击球技术分为正手截击和反手截击，基本动作方法大致相同，只是方向相反。

一、正手截击

正手截击的动作方法（见图 9-9-1）是：

（1）以右脚为轴，通过迈出相反一侧的脚来帮助移动重心；

（2）后摆后正手击球要向右斜前方迈左脚，身体重心向前移，击球时手腕固定，拍面与地面保持垂直。

图 9-9-1

二、反手截击

反手截击的动作方法（见图9-9-2）是：

(1) 以左脚为轴，通过迈出相反一侧的脚来帮助移动重心；

(2) 后摆后向左斜前方迈右脚，身体重心向前移，击球时手腕固定，拍面与地面保持垂直；

(3) 反手击球时，击球点比正手要更靠前，截击球的随挥动作幅度不能像击落地球那样大，略向前送出即可。

图9-9-2

第十节 放短球

放短球是一种运用较少的击球方法。常用于处理网前球,在对方被打得远离球场,无法回到正确防守位置的情况下使用,特点是击球时先给人以打一般落地球的印象,击球一瞬间减慢挥拍,轻柔地擦击球,使之过网后,能在对方赶到之前落下。动作方法(见图9-10-1)是:

(1)动作方法同长抽球动作,使对方不易鉴别是长抽还是短打;

(2)动作要尽可能隐蔽,使对方无法判断,后摆和前挥动作同正、反拍侧旋球,球拍在高于球的飞行路线上及早地向后摆起;

(3)在球拍接触球的刹那间放松手腕,用拍面轻轻地削击球的侧下部,拍面大约以45°的开角从球的侧下方向下滑动,使球产生侧下旋,击球后没有随挥动作,球落地后弹起很低、很短。

图 9-10-1

第十一节 反弹球

喜欢打反弹球的人为数不多，经常在发球线和端线间的无人区内，对方将球送到自己脚下时使用，动作方法（见图 9-11-1）是：

(1) 双腿屈膝，重心下降；
(2) 后摆不要过大，动作应紧凑；
(3) 手腕固定，保持拍面与地面垂直，眼睛紧盯来球；
(4) 随挥动作要小，这样更容易控制力量。

图 9-11-1

第十二节 步法

网球比赛中运动员跑动是否迅速、步法是否灵活至关重要。在

网球的各种击球动作中,人必须与球保持一个适当的距离,而且要有一个合适的站位,这样才能得心应手地打出各种好球。步法包括开放式步法、闭锁式步法、滑步、左右交叉步和向侧后移动交叉步等。

一、开放式步法

开放式步法是运用次数最多的步法,特点是跑动距离小,在身体附近击球,包括前上步、跨步、跐步和跑步等,动作方法(见图9-12-1)是:

(1)两脚平行站立,两腿呈半蹲姿势,目视前方;
(2)当对方回球后,迅速判断出球的飞行轨迹及落点;
(3)上步或跨步击球,要求站立时身体放松,启动要快。

图 9-12-1

二、闭锁式步法

闭锁式步法通常在打反手球时使用,动作方法(见图9-12-2)是:

一脚在身体的侧前方,另一脚在后,身体做好准备击球姿势,目视来球,准备击球。

图 9-12-2

三、滑步

滑步对于开放式步法和闭锁式步法来说,是一种移动距离相对较大的步法,动作方法(见图9-12-3)是:

身体做好准备击球姿势,面对来球,两脚平行移动,准备击球。

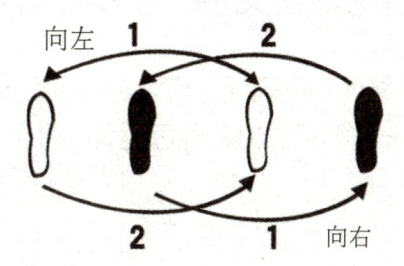

图 9-12-3

四、左右交叉步

左右交叉步是一种移动范围较大的步法,特点是在身体的远端击球,动作方法(见图 9-12-4)是:

一脚用力蹬地,迅速从另一脚侧前方迈出,落地同时,另一脚向体侧跨步,两脚依次交叉快跑。

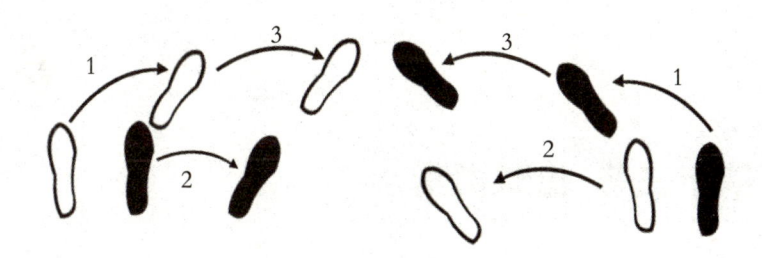

图 9-12-4

五、向侧后移动交叉步

向侧后移动交叉步的基本动作方法和左右交叉步一样，只是一个向体侧运动，一个向身体侧后方运动，对于初学者来说，要灵活掌握（见图9-12-5）。

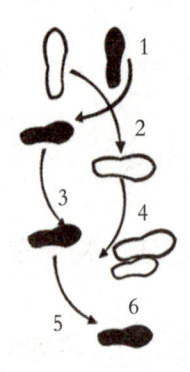

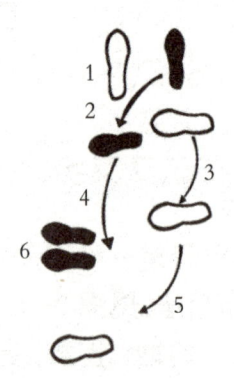

图 9-12-5

第十三节 击球要素

击球质量的好坏关键在于能不能掌握击球技术的要领，在比赛中，要想打出质量较高的球，而且使对方很难接住，就要经常练习,掌握好击球的几大要素,包括击球深度、击球角度、击球速度、击球力量和击球旋转等。

一、击球深度

击球深度是指击球者击出的球在场内距端线的远近程度。落点距端线近,即为落点深;落点距端线远,即为落点浅。击球时,落点要达到一定的深度,这是因为:

(1)球打得深,球飞行的时间长,就能有较长的时间为还击对方击来的球做准备,这是使自己摆脱被动、争取主动的好方法;

(2)球深时,球弹跳后越过端线,迫使对方在端线后击球,使对方上网截击产生困难;

(3)深球可以缩小对方回球的角度,缩短自己左右奔跑击球的距离,减小击球的难度,提高击球的命中率。

总之,击球者将球打深,不仅是技术上的要求,更是提高战术意识与战术方法的需要。

二、击球角度

击球角度是指击球后球的路线和原定参照物与击球点连线之间的角度关系。例如:击右方斜线球(在本方右边线附近向对方左边线附近击球为右方斜线球),可将右边线作为参照物线,球的落点距右边线越远,右方斜线击球的角度越大;若把对方作为参照物,球被击出后,落点距对方越远,击球的角度就越大。

击出的球角度越大,攻击性越强,这是因为:

(1)大角度的击球可以调动对方,尤其是大角度的斜线球,能将对方拉到边线外,使对方场上出现空当,从而攻击空当得分;

(2)大角度球有时能直接得分,特别是在破网时打出角度大的球效果更明显。

总之,对练习者提出打角度球的要求,是提高技术水平和战术意识的需要。

三、击球速度

击球速度的判定,取决于从对方击出的球飞至网上到被我方将球击出触及对方场地内的物件为止(包括球落地、球被对方截击等)的这段时间的长短。

这段时间可分解成两段来理解:第一段时间是球至网上到球拍击球。减少这段时间的方法是提前击球,最好球一过网就击球,比如截击球、高压球就是利用这一原理加快击球速度的具体方法。第二段时间是从球拍击球到球触对方场内物件。减少这段时间的方法,是加快球运行的速度和缩短击球点到对方场地落点的距离。打网球时,尽力减少这两段时间,是提高击球速度的基本方法。

击球时,要注意提高球速,这是因为:

(1)提高球速可以缩短对方观察、判断、分析、选择及运动击球这一"连锁"的时间,给对方造成匆忙、勉强、被动的还击,从而使其击球的命中率降低、击球的威胁性减小;

(2)快速飞行的球给接球者球拍的作用力大,球拍的反弹力也大,接球者控制不好,球就有可能出界;

(3)球速快时,接球者容易看不清球飞行的路线,经验不足的

人，容易击球失误。

四、击球力量

击球力量的大小，是通过球运行的快慢来表现出来的。击球力量越大，打出的球向前飞行的速度就越快。

要想增加击球的力量，就必须从以下几点做起：

（1）注意身体的力量练习，使腿、腰、臂的力量不断增加，并在整个击球过程中，做到各部分力量协调配合，爆发用力；

（2）击球时，拍面应尽量保持垂直，减少对球的摩擦，力量完全用在打击球上；

（3）击球时，引拍动作略大些，增加球拍前挥的加速距离，在球拍向前挥动速度最快时击球；

（4）选择合适的击球点，即在球拍前挥速度达到最快，整个身体感到最舒服的那个点时击球；

（5）整个击球过程中，全身肌肉不要太紧张，以免影响肌肉的收缩发力效果。

五、击球旋转

击球时，球拍给球的作用力线不通过球心时，球就会产生旋转。旋转的球在空中飞行的弧线、落地后弹起的弧线与不旋转时不同。

旋转的作用是利用旋转制造合适的击球弧线，提高击球的命中率，还能利用旋转的变化干扰、破坏对方的击球，使对方击球失

误。

在网球运动中常见的旋转有3种,即上旋球、下旋球和侧旋球。

(一)上旋球

上旋球的特点是在空中飞行时下落比较快,落地后向前冲,弹得低而快,动作方法是:

球拍略前倾,从下向前上擦击球的中上部。

(二)下旋球

下旋球的特点是落地后弹得高,球不往前走,动作方法是:
球拍略后仰,从上向前下擦击球的中下部。

(三)侧旋球

侧旋球的主要特点是落地后向左、右两侧跳,动作方法是:
球拍侧后仰,由左后上或右后上,向右前下或左前下,擦击球的左中下或右中下部。

提高击出旋转球的能力要通过用力摩擦球的方法来实现。对付旋转球要视旋转种类区别对待,具体方法是:

(1)截击下旋球时,拍面要略后仰,以防下网;

(2)抽击下旋球时,拍面向前上方用力,弧线较高;

（3）回击侧旋球时，要降低重心，球拍在正常弹跳的右侧或左侧等球。

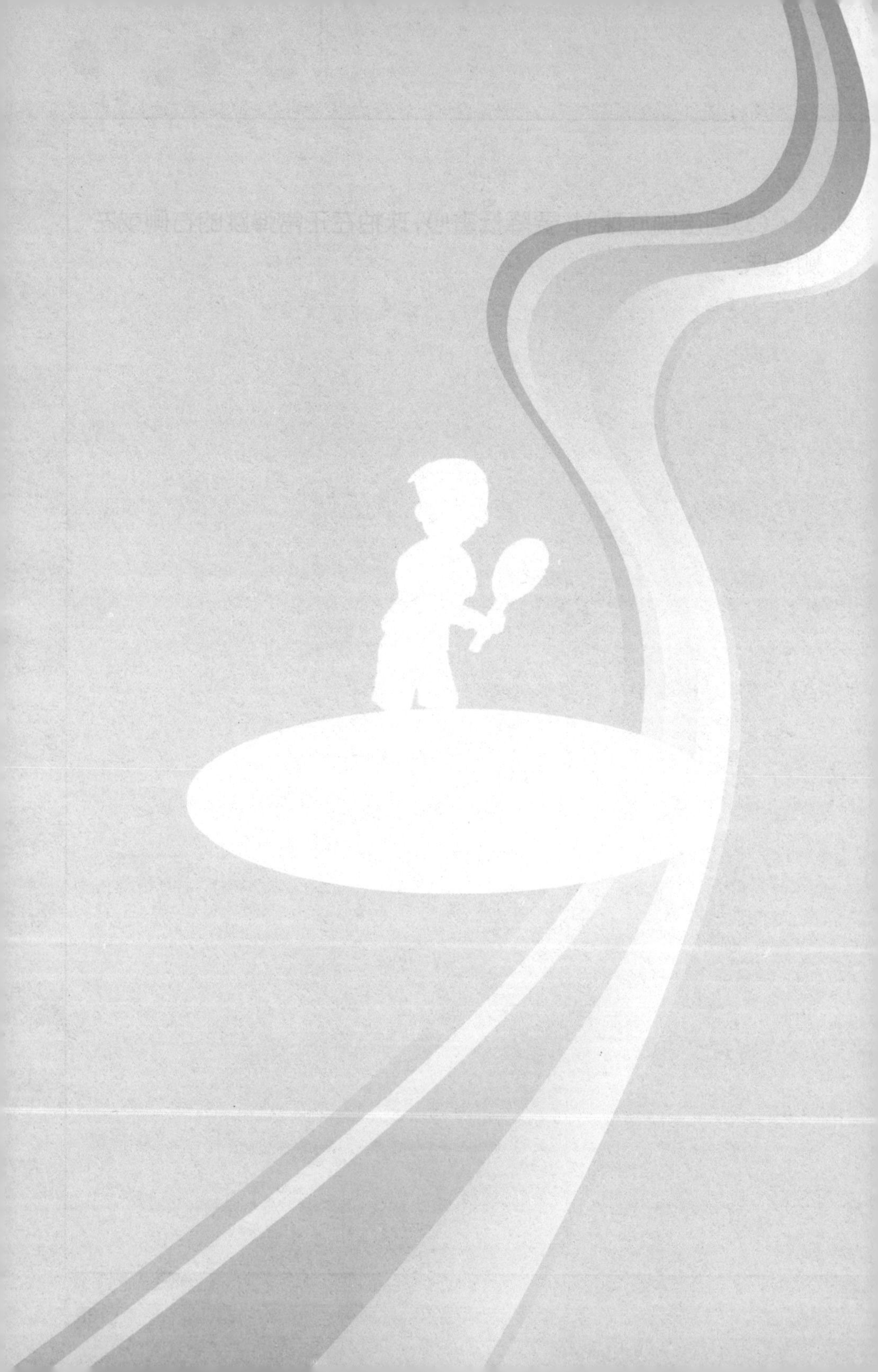

第十章 网球基础战术

网球基础战术是指网球运动员在比赛中通过观察、判断，有目的、有意识地合理运用自己掌握的各种技术的能力。网球战术分为单打战术和双打战术等。

第一节 单打战术

网球单打战术分为发球战术、接发球战术、网前交锋战术、底线作战战术、挑高球战术和高压球战术等。

一、发球战术

发球不仅是比赛的开始,更是一种进攻的手段,其目的是直接得分,或使对方处于被动局面,为得分创造机会。因为发球不受对方的任何干扰,是一个完全独立自主的行为,所以可根据对方的具体情况,采用各种不同的发球技术。

(1)发球时站位要考虑两个方面因素,一方面要考虑有利于进攻,另一方面还要考虑便于下一个动作的转化;

(2)由于发球都有两次机会,第一次发球就可以利用攻击性最强的发球方式。一种是大力发球,主要利用速度制服对方;另一种是找位置发球,主要利用准确的落点,造成对方接发球困难;

(3)第一次发球失误后,第二次发球时首先必须注意发球的把握性,在把握性的基础上尽量增加发球的攻击性。

二、接发球战术

接发球的好坏不仅与接发球技术有关,同时又与接发球时采用的战术有很大关系。接发球战术包括接发球时所站的位置、接发球时的准备姿势,以及移动、反击技术等。

（1）选择接发球站位，首先要根据自己的技术特点，同时也要考虑到对方发球的特点及发球的位置，要有利于自己向左右移动，做正、反手击球；

（2）准备接球时，一般要正面对网，两脚自然分开站立，约与肩同宽，双手扶住拍柄并使拍头向前，重心落在前脚掌上；

（3）若想由被动防守快速转为积极进攻，必须加强接发球的反击力量，造成对方位置上的不利和击球的困难，为自己上网创造机会。

三、网前交锋战术

在现代网球比赛中，网前交锋战术已经成为争取主动、战胜对方的一个重要战术，同时也是进攻性最强的战术，是每个网球爱好者都必须掌握的战术。

（1）选择上网时机和上网前的击球方式非常重要；

（2）上网后应根据自己网前技术的能力，尽可能靠近网，离网越近进攻角度越大，控制的面积越大；

（3）上网后的击球绝对不要用挡击，而应该进行攻击性击球，首先要争取在球高于球网时回击，采用快速击球或高压大角度击球。

四、底线作战战术

在现代网球比赛中，底线作战虽说比较被动，使自己处于防守地位，但它同时又是一种不可缺少的基本战术。底线作战以攻击性

的正、反手击球及过人击球来得分,战术方法是:

(1)底线击球必须将球打向对方够不着的地方,使对方处于不利地位,或攻击对方弱点而使其失误;

(2)每个运动员都有各自的特点,有的善于网前交锋,有的善于底线作战,还有的属全面型选手,一旦发现对方的弱点,就应设法迫使其采用不擅长的战术,陷于战术上的被动;

(3)如对方属上网型运动员,首先在精神上不能受他的威胁,要沉着冷静,针对他的弱点进行反攻。

五、挑高球战术

挑高球战术包括防守和进攻两种形式。防守型挑高球应对球做下切动作,挑出时球略带下旋。这种球易于控制,不易出界,另外也不需要考虑假动作,只要挑高、挑深即达到了目的。进攻型挑高球意味着展开进攻,多在对方占领网前阵地时采用。这种球的特点是球的高度不高不低,以对方举拍够不着为度,同时还要有假动作,把球打出强烈的上旋,落入后场时急弹而出,使对方来不及抢救。

六、高压球战术

高压球是对付挑高球的最佳方法,将高球在落地前击出是取胜的锐利武器。打好高压球的关键是事前做好准备,找准位置,将球打到对方的空当,也可以打到对方场区的纵深处。打高压球要注意稳健,既不慌张,又不急躁,有时还要把球打出旋转,保证高压球的把握性和准确性。

第二节 双打战术

双打比赛为两人配合,控制面积较大,不易找到对方防守的漏洞,并且比赛速度比较快,因此要求运动员具有较高的战术意识,要求动作迅速,反应灵敏,并且要有高度的判断力、预见性和良好的配合能力。双打战术包括发球战术、接发球战术、网前交锋战术、底线作战战术等。

一、发球战术

在双打比赛中,一般都采用急速旋转的发球方法,发向对方的是反拍,这是因为运动员的反拍大多击球力量较小,接发球者的反击角度更小。如对方采用挑高球,一般网前队员可以很容易地用正拍进行有力的高压扣杀。

二、接发球战术

接发球者一般处在不利的防守地位,因此应该采取变不利为有利的进攻技术,这就要求接球者必须掌握各种击球技术,适应对方的各种发球。一般来讲,接发球时首先要将球击回对方,其次要力争主动,再次要争取及时抢先上网。

三、网前交锋战术

双打的网前交锋速度相当快,双方队员都在网前,距离很近,因此要求球员必须具备更快的反应速度和高度集中的注意力。

四、底线作战战术

双打比赛要尽量避免在底线击球,这是最被动的局面,如果已经被迫退到了底线,则必须争取一切机会,创造条件抢先上网。

第三节 战术运用

网球比赛中,球员为了能够更有效地得到更多的分数,经常根据自己最擅长的球技,使用最适合于自己的战术。根据所运用的战术,球员可分为侵略底线型球员、防御底线型球员、发球上网型球员和全面型球员等。

一、侵略底线型球员

侵略底线型球员又称攻击底线型球员,他们比较倾向于采取主动攻击,而不是防守。他们通常站在底线附近击球,并试图击出制胜球来得分。他们常击出速度很快的球,使得对方来不及赶到,或即使赶到也回击乏力。虽然他们也许不会试着一球解决,但常常一拍打左边,一拍打右边,直等到对方有空当出现。侵略底线型球

员至少具有一种极佳的击落地球技术,通常是正手拍。当侵略底线型球员试图击出许多制胜球时,他们也容易造成许多失误。

二、防御底线型球员

防御底线型球员又称反击底线型球员。他们比较倾向于采取防御,比较不倾向于采取主动攻击。他们尽可能将所有的球都回击回去,然后等待对方的失误,试着依靠对方的失误来得分。他们击球非常稳,失误很少。防御底线型球员必须具有很快的移位速度和灵活的身手,以防守整个己方球场。

三、发球上网型球员

发球上网型球员拥有极佳的网前功夫,能够在网前灵活移位且截击的球感非常好。发球上网型球员在轮到自己发球时,只要一有机会就会上网。他们总是主动攻击,并且能够以多变化的截击和截击放小球的功夫击出许多制胜球。当轮到对方发球时,他们常使用"切球上网"的打法,将球击回并快速冲向网前。发球上网型球员的战略是施压于对方,迫使对方试图击出难度较高的穿越球。

四、全面型球员

全面型球员均擅长网前和底线技术。他们通常会主动进攻,混合使用底线击落地球和截击技术,迫使对方一直在猜测他下一步的打法。当全面型球员的底线功夫无法奏效时,他们会改为上网战术,当其上网功夫无法奏效时,他们又会改成底线击球战术。

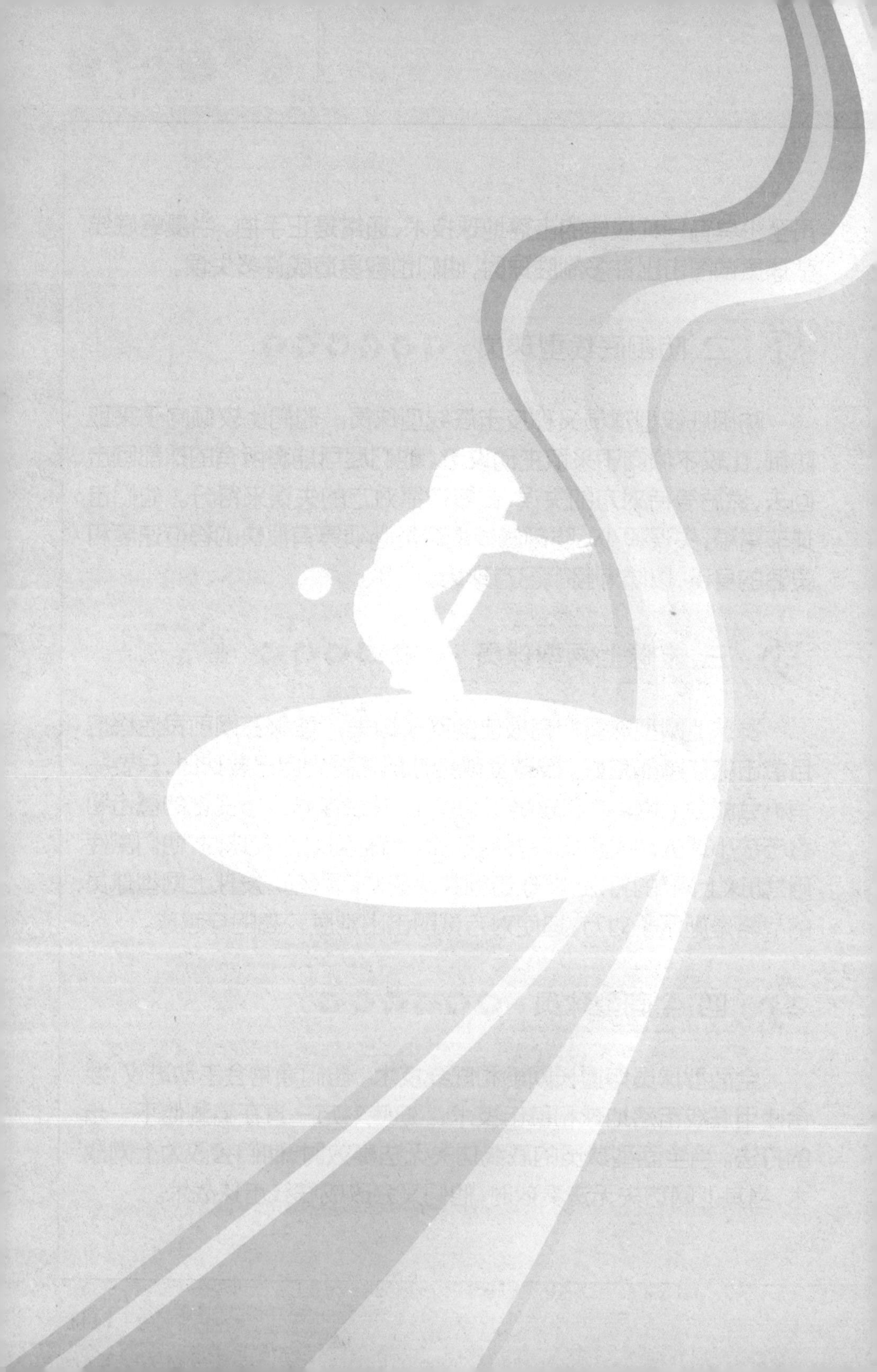

第十一章 网球比赛规则

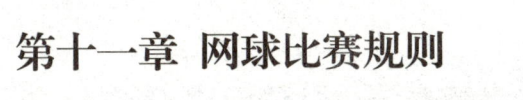

网球比赛在世界范围内十分受关注和欢迎，其特有的程序和规则使网球运动更加具有观赏性，所以，对于初学者来说，了解网球比赛的规则和程序是很有必要的。

第一节 程序

参加网球比赛要按其参赛程序和参赛办法,所以并不是任何人都能参加的,这些内容将在本节中予以介绍。

一、参赛办法

(一)赛制

国际上的比赛除戴维斯杯和联合会杯赛分男子团体赛和女子团体赛外,大多数的国际网球赛都是单项比赛。因为比赛时运动员多、场地少,又需要在短时间内决出冠、亚军,所以多采用单淘汰制。运动员要先报名,然后经过资格审查才有机会参加比赛。

(二)盘数

正式比赛时,男子单打和双打采取五盘三胜制。女子单打和双打、混合双打采用三盘两胜制。

二、比赛方法

（1）比赛开始前，双方运动员用猜硬币的方法挑选场地或发球权，然后球员手握球拍站在球场两端；

（2）根据比赛规则，由一方先从右半区端线后开始发球，将球发到对方右发球区内，接球员必须在球落地后进行还击；

（3）球经过球网进行往返击球，直至某方击球落网、出界或连跳 2 次则为失误，对方得 1 分；

（4）发球员变换方位发球（换到左半区端线后向对方左发球区发球），接球员也随之变换位置接球，每次发球有两次机会，如第一次发球失误，还可以发第二球（这时不换位），如果两次发球都失误则为"双误"，对方得 1 分；

（5）运动员每胜一球得 1 分，先得 4 分者为胜 1 局，若各得 3 分时为平分，此后有一方须再连得 2 分才算胜该局；

（6）某方必须再连胜 2 局，才算胜该盘，为了控制比赛时间，当局数 6 比 6 平时采用平局决胜制方法以决出该盘的胜负；

（7）双打比赛的发球和接发球顺序事先排定好，比赛中不得更改，每盘结束后可重新排定。

第二节 裁判

网球比赛中会出现很多不同的情况，胜负的评定是根据场上的裁判作为依据的，裁判员要对场上可能出现的一切情况做好准备。

一、裁判员

网球比赛的裁判员由组委会选派。裁判员要熟悉网球规则、竞赛规程和行为准则中的所有内容,并应按国际网联规定的"裁判员职责和程序"的要求进行工作,在比赛中应按照比赛要求着装,并在开赛前负责召集双方运动员进入场地和选择发球。

二、记分

(一)胜一局

运动员每胜一球得1分,记分牌上显示得15,得2分为30,得3分为40,先得4分者胜一局。但遇双方各得3分时,则为平分。平分后,一方先得1分时,为"发球占先"或"接球占先",占先后再得1分,才算胜一局;如一方"占先"后,双方又得1分,则仍为"平分"。依此类推,直到一方平分后净胜2分结束该局。

(二)胜一盘

一方先胜6局为胜一盘。但遇双方各得5局时,一方必须净胜两局才算胜一盘。如果双方各胜6局时,一般采用平局决胜制,但三盘两胜制的第三盘和五盘三胜制的第五盘不得使用此制度,应使用长盘决胜制,除非另有规定并在比赛前宣布。

(三)平局决胜制记分

(1)先得7分者为胜该局及该盘。若分数成6平时,比赛延长到某方净胜2分时止;

(2)该轮的发球员发第1分球,然后由对方发第2分及第3分球,此后轮流交替发球,每人连发2分球,直至决出该局与该盘的胜负为止;

(3)该轮的发球员在右区发第1分球后,即改由对方依次在左区和右区发第2、3分球,此后轮流交替发球,每人连发2分球,其中第1分球均应在左区发球;

(4)运动员应在每6分及决胜局结束时交换场地。

三、规则

(一)比赛盘数

正式比赛时,男子单打和双打采取五盘三胜制;女子单打和双打、混合双打采用三盘两胜制。

（二）选择权

比赛前用掷钱币或旋转球拍的方法来决定场区和选择发球权及接发球权。选择发球或接发球者，应让对方选择场区；选择场区者，应让对方选择发球或接发球。

（三）发球顺序错误

发球顺序错误时，应在发觉后立即纠正，但已获得的分数和已造成的失误都有效。如果发觉时全局已经结束，此后的发球顺序就以该局为准轮流发球。

（四）接发球顺序错误

接球顺序错误，发觉后仍按错误的顺序进行，等到下一接球局时再纠正。

（五）还击

接发球后，双方应轮流由其中任何一名队员还击，如果运动员在其同队队员击球后，再以拍触球，则判对方得分。

(六)脚误

发球员在整个发球动作中,不得通过行走或跑动改变原来站立的位置,如果发球时两脚轻微移动而未变更原位,不算行走或跑动。发球员两脚只准站在端线后、中点和边线的假定延长线之间,不能触及其他区域。

(七)发球员的位置

每局开始发球时,发球员应先从右区端线后发球,得(失)1分后,换到左区发球,这样每得(失)1分就轮流交换发球位置。如果发球位置错误而未察觉,比分仍然有效;一旦察觉,应立即纠正。发出的球,在对方还击前,应从网上越过,落到对角的对方发球区内或其周围的线上。

(八)发球失误

运动员抛球后未击中球,或发出的球在落地前触及固定物(球网、中心带、网边白布除外)算作发球失误。

(九)第二次发球

发球员第一次发球失误后,应在原发球位置进行第二次发球。